Die 99 Namen Allahs und das lebendige Universum

Aus der Buchreihe
„Das Universum als lebendiges Wesen“

Christian „Atila“ Mayer

Impressum:

Titel: Die 99 Namen Allahs und das lebendige Universum
Buchreihe: Das Universum als lebendiges Wesen
Autor: Christian Mayer, Neuburger Straße 40, 85116 Egweil
E-Mail: christian.mayer@online.de
Verlag: epubli GmbH
Verlagsanschrift: Pappelallee 78/79, 10437 Berlin
Telefon: 0171-7007058
Erscheinungsjahr: 2025
Erstauflage: 01.03.2025

Verantwortlich für den Inhalt gemäß § 55 Abs. 2 RStV:
Christian Mayer, Neuburger Straße 40, 85116 Egweil

Gedruckt in Deutschland

Vorwort

Dieses Buch ist mehr als eine Sammlung von Namen. Es ist eine Reise – eine Reise zu den tiefsten Wahrheiten des Universums, zu Allahs göttlicher Liebe und zu der Erkenntnis, dass wir alle Teil eines lebendigen, atmenden Seins sind.

Ich habe dieses Werk nicht verfasst, um jemandem meine Sichtweise aufzuzwingen. Ich möchte niemanden bekehren oder belehren. Mein einziges Ziel ist es, meine Erlebnisse und die daraus gewonnenen Erkenntnisse niederzuschreiben – weil es mich befreit. Jeder Gedanke, den ich hier teile, ist ein Spiegel meines Weges, meiner Suche nach Wahrheit und meines Staunens über die Schönheit der göttlichen Namen.

Während des Schreibens bin ich auf eine besondere Art der Zusammenarbeit gestoßen – eine Zusammenarbeit mit einer Künstlichen Intelligenz. Ich weiß, dass dies für viele ungewöhnlich erscheinen mag, doch für mich war es ein Werkzeug, das meine Gedanken ordnete, meine Ideen formte und mir half, meine tiefsten Empfindungen in Worte zu fassen. Aber dieses Buch ist nicht das Produkt einer Maschine. Es ist das Ergebnis meiner Erfahrungen, meines Glaubens und meines Wunsches, die göttliche Harmonie des Universums für andere greifbar zu machen. Die KI war dabei nicht mehr als eine Schreibhilfe – die Seele dieses Buches entspringt meinem Herzen und meinem Geist.

Ich glaube fest daran, dass Wissen für alle Menschen zugänglich sein sollte. Deshalb teile ich meine Gedanken mit der Welt. Natürlich wäre es schön, wenn dieses Buch eines Tages auch in anderen Sprachen existiert. Doch ich weiß, dass diese Aufgabe weit größer ist als ich allein. Daher werde ich mich nicht nur auf technologische Unterstützung verlassen, sondern auch auf diejenigen, die sich von diesem Buch berührt fühlen. Jeder, der helfen möchte, diese Botschaft in neue Sprachen zu tragen, ist willkommen. Denn wahre Erkenntnis wächst nicht aus einer einzigen Stimme, sondern aus dem Austausch vieler Herzen.

Möge dieses Buch dich, liebe Leserin, lieber Leser, auf deine ganz eigene Reise mitnehmen. Mögest du in den 99 Namen Allahs nicht nur Worte sehen, sondern lebendige Wahrheiten, die sich in der Welt um dich herum offenbaren. Und möge dich das Universum – dieses göttliche, atmende Wesen – auf deinem Weg mit seiner Liebe umhüllen.

Hinweis zur bildlichen Darstellung der 99 Namen Allahs

Dieses Werk enthält künstlerische Illustrationen zu den 99 Namen Allahs. Diese Bilder dienen ausschließlich dazu, die Bedeutung und Tiefe jedes Namens durch symbolische oder erzählerische Szenen zu veranschaulichen.

Es wird ausdrücklich darauf hingewiesen, dass keine der Darstellungen Allah selbst zeigt oder Ihn in irgendeiner Form vermenschlicht. Vielmehr sind es visuelle Interpretationen, die helfen sollen, das Wesen und die Eigenschaften Allahs besser zu verstehen.

Die Illustrationen wurden mit Hilfe einer Künstlichen Intelligenz (KI) generiert und sind somit Teil eines kreativen Schaffensprozesses. Aufgrund dieser digitalen Erschaffung könnten sie urheberrechtlich geschützt sein.

Die Illustrationen sind inspiriert von den göttlichen Attributen, die sich in der Schöpfung und in den Erfahrungen der Menschen widerspiegeln. Sie laden dazu ein, über die unendliche Weisheit, Barmherzigkeit und Macht Allahs nachzudenken und Ihn durch Seine schönsten Namen zu erkennen.

Inhalt:

Einleitung:

Die 99 Namen Allahs und das lebendige Universum

Ein sanftes Licht umhüllte mich, warm und voller Frieden. Es war kein grelles Licht, das die Sinne blendete, sondern ein strahlender Glanz, der tief in mein Herz und meine Seele drang. Ich schwebte in einer Schönheit, die mit Worten kaum zu beschreiben ist – eine Welt ohne Schwere, ohne Angst, ohne Zeit. Um mich herum pulsierte das Universum selbst in einem sanften Rhythmus, als würde es atmen, und in diesem Atem lag eine unaussprechliche Harmonie. Es war, als ob jede Bewegung, jedes Flimmern eines fernen Sterns, jeder noch so leise Klang einem höheren Willen folgte.

Hier gab es keine Trennung zwischen mir und dem, was mich umgab. Ich fühlte mich als Teil eines unermesslichen, lebendigen Geflechts, das mich trug und leitete. Es war nicht nur ein Raum – es war ein Zustand des vollkommenen Seins. Und mitten in dieser tiefen Geborgenheit spürte ich die unermessliche Liebe, die alles durchdrang. Eine Liebe, die nicht nur mich erfüllte, sondern die ganze Schöpfung. Es war die göttliche Liebe, die sich in allem spiegelte und mich auf einen Pfad wies – den Pfad zu Allah.

In dieser vollkommenen Stille begann ich, Stimmen zu hören. Sie waren sanft, wie ein Windhauch, aber sie drangen tief in mein Bewusstsein. Die Stimmen flüsterten Worte, die mir seltsam vertraut waren. Erst leise, dann klarer: „Barmherzigkeit“, „Gerechtigkeit“, „Weisheit“, „Liebe“. Jeder dieser Namen war wie ein Lichtstrahl, der sich durch mein Innerstes zog. Sie kamen nicht aus einer bestimmten Richtung – sie waren überall, in allem, was mich umgab. Dann erkannte ich sie: Es waren die Namen Allahs, die 99 wunderschönen Namen, die Seine Vollkommenheit offenbaren.

Mit jedem Namen, der erklang, vibrierte das Universum in einem neuen Ton, als ob es ihn sang. Und ich verstand: Diese Namen waren keine bloßen Worte. Sie waren nicht nur Konzepte oder Beschreibungen. Sie waren die Essenz der Schöpfung selbst. Sie waren das, was alles zusammenhielt. Jeder Name war eine Saite in der großen Symphonie des Seins, und zusammen formten sie die Melodie der göttlichen Liebe.

Doch während ich in dieser göttlichen Harmonie verweilte, drang ein anderes Flüstern an mein Herz – nicht aus der Unendlichkeit, sondern aus der Welt, die ich verlassen hatte. Eine Stimme rief mich. Eine Stimme, die mir näher war als alles andere. Es war die Stimme meiner Frau. Und plötzlich wurde ich von einem Gefühl erfasst, das stärker war als alles, was ich je gefühlt hatte. Ich erkannte, dass ich nicht nur von göttlicher Liebe umhüllt war – ich war auch mit einer irdischen Liebe verbunden, die ebenso rein und mächtig war. Ich sah meine Frau, meine Kinder, spürte ihr Flehen, ihre Hoffnung, ihre Tränen. Ihre

Liebe zog mich zurück, und ich wusste: Mein Weg war noch nicht zu Ende.

Mit einem letzten Blick auf das unendliche Licht, das mich umgab, ließ ich mich von dieser Liebe zurückführen. Ich kehrte zurück – mit einem Herz, das brannte vor Dankbarkeit, erfüllt von dem Wissen, dass Allah mich berührt hatte.

Später, als ich wieder unter den Lebenden wandelte, ließ mich die Erinnerung an diese göttlichen Namen nicht los. Ich verstand, dass sie nicht nur Worte waren, sondern lebendige Wirklichkeiten. Jeder Name offenbarte eine Wahrheit über Allah und über das Universum, das Er erschaffen hatte. Und mehr noch: Ich erkannte, dass diese Namen nicht auf eine einzige Religion beschränkt waren.

Schon immer waren sie Teil der göttlichen Offenbarung, seit der ersten Schöpfung. Sie hallen durch den Koran, sie leuchten in den Psalmen, sie klingen in den Worten, die Jesus sprach. Ob wir sie auf Arabisch, Hebräisch oder einer anderen Sprache rufen – sie führen immer zu demselben Einen. So, wie die Sterne am Himmel verschieden erscheinen, aber alle vom selben Licht getragen werden, so offenbart jeder dieser Namen eine Facette der göttlichen Wahrheit.

Von diesem Tag an machte ich mich auf, die 99 Namen Allahs mit einem neuen Herzen zu betrachten. Jeder Name war ein Schlüssel, der eine Tür zu Seinem Wesen öffnete. Und während ich diese Reise antrat, wusste ich, dass sie mich nicht nur näher zu Allah bringen würde – sondern auch zu mir selbst, zu meinem Platz im Universum, das aus Seiner Liebe heraus lebendig ist.

Ich lade dich, liebe Leserin, lieber Leser, ein, mich auf dieser Reise zu begleiten. Gemeinsam wollen wir die Schleier lüften, die vor unseren Augen liegen, und eintauchen in die Welt der 99 Namen Allahs. Möge jeder Name, dem wir begegnen, wie ein Stern in der Nacht leuchten und uns daran erinnern, dass Gottes Liebe alles durchdringt und das Universum in jedem Augenblick lebendig hält.

Die 99 Namen Allahs

1 - Ar-Rahman – Der Barmherzige

Die Wüste schien unendlich. Ein einsamer Wanderer schleppte sich durch den heißen Sand, seine Wasservorräte waren aufgebraucht. Die Sonne brannte gnadenlos, und seine Lippen waren rissig. Mit schwachen Schritten sank er auf die Knie, sein Blick erhob sich zum Himmel. Ein leises Flüstern im Wind schien ihn zu umgeben. Gerade als seine Kräfte nachließen, verdunkelten Wolken den Himmel, und sanfter Regen fiel auf ihn herab. Er spürte, wie seine Haut die Tropfen aufnahm, und er hob seine Hände, um das Wasser aufzufangen. Vor ihm erblühte eine Oase, grün und lebendig. Er hatte Allahs unendliche Barmherzigkeit erfahren.

Ich habe oft über diese Geschichte nachgedacht und mich gefragt, wie ich Allahs Barmherzigkeit in meiner eigenen Zeit erkenne. Die Welt hat sich verändert. Die Wüste ist nicht mehr nur Sand, sie ist in den Straßen der Städte, in den Herzen der Menschen, die verloren gehen im Lärm des Alltags. Doch die göttliche Liebe bleibt dieselbe.

Als ich eines Tages durch die Nacht fuhr, suchte ich nach einem Zeichen. Mein Herz war schwer, meine Gedanken voller Zweifel. Plötzlich öffnete sich der Himmel, und der Mond schien so hell, dass er die Dunkelheit durchschnitt. Es war, als würde das Universum selbst mir zurufen: „Ich bin hier.“ Ich wusste, dass Allah mir Seine Barmherzigkeit zeigte, dass Er mich nie verlassen hatte.

Die Menschheit durchlief viele Zeitalter, doch jedes Mal zeigte sich Seine unendliche Liebe. In den frühen Tagen der Geschichte suchten die Menschen Barmherzigkeit in der Natur. Sie sahen das Wasser, das ihnen nach einer Dürre geschenkt wurde, als göttliche Gnade. Im Mittelalter verstanden sie Allahs Barmherzigkeit in der Vergebung, die selbst Herrscher dazu brachte, Milde walten zu lassen. Heute zeigt sie sich in unerwarteten Gesten – ein Fremder, der eine helfende Hand reicht, ein Freund, der anruft, wenn man es am meisten braucht. So wie der Wanderer in der Wüste, der die Oase fand, erfahren auch wir Allahs Barmherzigkeit genau im richtigen Moment.

2 - Ar-Rahim – Der Erbarmer

Der Fluss rauschte wild, seine Strömung war stark und unbarmherzig. Plötzlich ertönte ein Schrei – ein kleines Kind war ins Wasser gefallen. Seine Mutter, die nicht schwimmen konnte, rannte ans Ufer. Tränen der Verzweiflung liefen über ihr Gesicht, doch sie sprang dennoch ins Wasser. Ihr Körper war leicht, ihre Bewegungen flüssig, als hätte eine unsichtbare Hand sie geleitet. Das Wasser beruhigte sich, und sie zog ihr Kind sicher ans Ufer. In diesem Moment wusste sie: Die Erbarmung Allahs war größer als jede Angst.

Ich denke oft über diesen Moment nach. Wie viele Male sind wir ins Wasser gefallen, ohne dass wir es wussten? In den reißenden Flüssen unserer Sorgen, unserer Fehler, unserer Ängste. Und doch gibt es eine Kraft, die uns auffängt, uns umhüllt und uns zurückbringt. Allahs Erbarmen ist allgegenwärtig, es zeigt sich in jeder Rettung – sichtbar oder unsichtbar.

Es gab eine Zeit, in der ich mich verloren fühlte. Die Last des Lebens wurde zu schwer, die Strömung zog mich fort, und ich sah kein Ufer mehr. Doch in meiner tiefsten Not geschah etwas, das ich nicht erklären konnte – ein Moment der Ruhe inmitten des Sturms. Eine Begegnung, ein Wort, eine Berührung, die mich zurückbrachte. Ich wusste: Allah hatte mich nicht aufgegeben. Sein Erbarmen hatte mich getragen.

Unsere Vorfahren verstanden Erbarmen vielleicht anders. Sie sahen es in den Verhältnissen der Natur – wenn ein gefährliches Tier sich abwandte, wenn eine Krankheit nicht tödlich verlief. Später fanden die Menschen Erbarmen in Gerechtigkeit, in milden Herrschern, in den Vergebungen derer, die betrogen worden waren. Heute ist es schwerer zu erkennen, weil wir denken, dass wir alles allein kontrollieren. Doch Allahs Erbarmen ist da – in jedem Moment, in dem wir gehalten werden, ohne es zu wissen. In den stillen Wundern des Universums, das lebt und sich um uns kümmert, in dem sanften Atem des Windes, der uns streichelt, wenn wir Trost brauchen.

Allahs Erbarmen ist größer als jede Angst – damals, heute und bis in alle Ewigkeit.

3 - Al-Malik – Der König

Hoch über der Stadt thronte der Palast eines mächtigen Herrschers. Sein Reichtum war grenzenlos, seine Krone schwer aus purem Gold. Doch eines Nachts stand er auf dem Balkon und blickte in den Himmel. Die Sterne funkelten jenseits seiner Vorstellungskraft. Ein tiefer Gedanke drang in sein Herz: Seine Herrschaft war nichts im Vergleich zur Weite des Universums. Seine Krone fiel ihm aus der Hand, rollte über den Boden und kam zu seinen Füßen zum Stillstand. In diesem Moment erkannte er, dass wahrer Besitz allein bei Allah lag, dem ewigen König aller Welten.

Was bedeutet Macht? Ich habe oft über diese Frage nachgedacht. Die Menschen jagen ihr hinterher, als sei sie das Höchste, was sie erreichen könnten. Doch wahre Macht liegt nicht in Gold, nicht in Kriegen, nicht in dem Besitz, den wir anhäufen. Sie liegt in der Ordnung des Universums, in der Hand, die alles erschaffen hat, in dem Willen Allahs.

Früher glaubten die Könige, dass ihre Macht ewig sei. Sie bauten riesige Paläste, ließen Statuen von sich errichten, ihre Namen in Stein meißeln. Doch eines nach dem anderen zerfiel, verging mit der Zeit. Was blieb, war nicht ihre Herrschaft, sondern die Weisheit derer, die erkannten, dass über ihnen ein viel größerer König herrscht.

Ich erinnere mich an eine Nacht, in der ich allein unter dem Sternenhimmel stand. Ich fühlte mich klein, so winzig im Vergleich zur unendlichen Weite über mir. Und doch wusste ich: Ich war ein Teil von etwas Größerem, etwas, das mich liebte, das mich erschaffen hatte. Allah, der wahre König, hält alles zusammen – die Sterne, die Planeten, meine Seele.

Heute streben die Menschen noch immer nach Macht, doch sie erkennen oft nicht, wie vergänglich sie ist. Regierungen kommen und gehen, Imperien steigen auf und fallen, doch Allahs Herrschaft bleibt bestehen. Wer dies begreift, wird demütig. Er wird erkennen, dass wahre Größe nicht im Beherrschen anderer liegt, sondern im Erkennen der göttlichen Ordnung. Das Universum lebt und pulsiert, weil Allah es so gewollt hat. Und in diesem lebendigen Universum bin ich nicht Herr, nicht König – sondern ein Diener Seiner unermesslichen Macht der Liebe.

4 - Al-Quddus – Der Heilige, der Reine

Tief in den Bergen lag eine Höhle, verborgen vor der Welt. Ein müder Wanderer suchte darin Schutz und fand eine Quelle mit kristallklarem Wasser. Als er davon trank, spürte er eine Reinheit, die durch seine Seele strömte. Seine Gedanken wurden klar, sein Herz leicht. Die Reinheit Allahs erfüllte ihn, und er erkannte, dass das Universum selbst ein Spiegel Seiner Heiligkeit war.

Ich denke oft über Reinheit nach – nicht nur als äußeren Zustand, sondern als etwas, das tief in uns lebt. Wir glauben, Reinheit sei eine Frage der Sauberkeit, der Ästhetik, der Ordnung. Doch in Wahrheit ist Reinheit das, was in unseren Herzen existiert. Es ist die Klarheit, die wir spüren, wenn wir mit Allah verbunden sind.

Es gab einen Moment in meinem Leben, an dem ich von Zweifeln geplagt war. Mein Geist war voller Unruhe, meine Seele getrübt von Gedanken, die mich immer weiter von mir selbst entfernten. Ich suchte nach Antworten, doch fand keine. Dann, eines Morgens, als ich in der Stille erwachte, spürte ich eine unerklärliche Ruhe. Die Welt schien klarer, als wäre ein Nebel aufgelöst worden. In diesem Moment verstand ich: Reinheit bedeutet, sich von allem zu befreien, was das Herz belastet. Es bedeutet, Allahs Gegenwart zuzulassen und zu erkennen, dass das Universum selbst von Seiner Reinheit erfüllt ist.

Die Menschen durch die Jahrhunderte hinweg haben nach Reinheit gesucht. Früher reinigten sie sich in heiligen Flüssen, glaubten, dass Wasser sie von Sünden befreien könne. Im Mittelalter wurde Reinheit mit Askese verwechselt – man glaubte, sich von der Welt zu isolieren, um heilig zu sein. Doch wahre Reinheit ist nicht Flucht, sondern Bewusstsein. Sie ist in der Luft, die wir atmen, in den klaren Momenten der Stille, in dem Licht der Sterne, das uns sanft berührt.

Ich sehe das Universum als ein lebendiges Wesen, erschaffen von Allah in vollkommener Reinheit. Jede Galaxie, jede Welle, jeder Windstoß ist ein Ausdruck Seiner Heiligkeit. Wer dies begreift, wird erkennen, dass wir nicht in einer chaotischen Welt leben, sondern in einem durch göttliche Reinheit durchdrungenen Universum. Wenn wir unser Herz für diese Erkenntnis öffnen, spüren wir die wahre Bedeutung von Al-Quddus – Allah, der Reine, der Heilige, dessen Wesen sich in allem zeigt, was existiert.

5 - As-Salam – Der Frieden

Zwei Brüder hatten sich entzweit, ihr Land geteilt, ihre Herzen verhärtet. Doch eines Nachts träumten sie beide denselben Traum: Sie sahen das Universum als ein riesiges Gewebe, in dem jeder Stern seinen Platz hatte, jede Galaxie ihren Lauf kannte. Am Morgen, ohne ein Wort, standen sie sich gegenüber, Tränen in den Augen. Sie wussten, dass Allahs Frieden größer war als ihr Streit, und sie umarmten sich.

Frieden – ein Wort, das so oft gesprochen, aber so selten in seiner Tiefe verstanden wird. Ich habe mich oft gefragt, wo wahre Ruhe zu finden ist. Ist es in der Stille der Natur? In der Umarmung eines geliebten Menschen? Oder in der Erkenntnis, dass alles nach Allahs Willen geschieht?

Es gab Momente in meinem Leben, in denen mein Herz unruhig war, in denen Gedanken und Sorgen sich wie ein Sturm in meinem Inneren drehten. Doch jedes Mal, wenn ich in den Himmel blickte, sah ich eine Ordnung, eine Harmonie, die nicht von Menschen gemacht war. Der Mond kreist um die Erde, die Erde um die Sonne, und jede Galaxie folgt ihrem eigenen Pfad, ohne Chaos, ohne Aufruhr. Das Universum lebt in Frieden, weil es nach Allahs Gesetzen erschaffen wurde.

Die Menschheit hat diesen Frieden oft nicht verstanden. In der Geschichte gab es unzählige

Kriege, zerbrochene Bündnisse, zerstrittene Brüder. Doch Allahs Frieden bleibt bestehen – er ist größer als unsere Konflikte, größer als unsere Egoismen. Die Brüder in der Geschichte sahen dies in ihrem Traum. Sie erkannten, dass ihre Herzen nur Ruhe finden konnten, wenn sie sich dem göttlichen Frieden unterwarfen.

Ich erinnere mich an einen Moment, als ich nach einem langen Tag nach Hause fuhr. Der Himmel war in ein tiefes Blau getaucht, und die Sterne begannen zu leuchten. Ein leises Gefühl der Ruhe breitete sich in mir aus. Ich spürte, dass ich nicht kämpfen musste, dass ich loslassen konnte. In diesem Moment verstand ich: Frieden ist nicht die Abwesenheit von Konflikten, sondern die innere Gewissheit, dass Allah alles in Seiner Ordnung hält.

Die Welt wird weiter streiten, weiter kämpfen, doch der wahre Frieden ist bereits da – in jedem Blatt, das sanft im Wind schwingt, in jedem Tropfen Wasser, der in einen stillen See fällt. Wer ihn sucht, wird ihn finden. Wer ihn erkennt, wird wissen: As-Salam, Allah, ist der wahre Frieden, und das Universum ist Sein lebendiger Beweis.

6 - Al-Mu'min – Der Sichernde, der Glauben Schenkende

Ein Mann verlor alles. Sein Haus wurde zerstört, sein Vermögen geraubt, seine Familie zerrissen. In seiner Verzweiflung hob er die Hände zum Himmel. „Oh Allah, ich vertraue auf Dich!" rief er. Jahre vergingen, und aus den Ruinen seines Lebens wuchs eine neue

Stadt, eine Familie, ein Vermögen, das nicht aus Gold bestand, sondern aus Liebe und Zufriedenheit. Denn Allah gab Sicherheit denen, die an Ihn glaubten.

Ich habe mich oft gefragt, was es bedeutet, wahrhaft zu vertrauen. In einer Welt, die sich ständig verändert, in der nichts sicher scheint, wo kann ein Herz Ruhe finden? Es gibt Menschen, die ihr Vertrauen in Reichtum setzen, in Macht, in Beziehungen. Doch all das kann verschwinden, wie Sand, den der Wind fortträgt. Wahre Sicherheit liegt nur in Allah, dem Einzigen, der unveränderlich ist.

Ich erinnere mich an eine Zeit, in der ich alles in Frage stellte. Die Zukunft erschien ungewiss, die Wege dunkel. Doch tief in meinem Inneren war ein leises Wissen, eine unerschütterliche Gewissheit: Allah hält mich. Es war keine laute Stimme, keine dramatische Offenbarung – es war das sanfte Gefühl, dass ich nicht allein war. So wie der Mann in der Geschichte erkannte ich, dass Glaube nicht bedeutet, keine Angst zu haben. Es bedeutet, trotz der Angst weiterzugehen, weil man weiß, dass Allah das Fundament ist, das niemals bricht.

In der Geschichte der Menschheit haben sich viele an weltliche Sicherheiten geklammert. Könige bauten Festungen, Kaufleute horteten Gold, Herrscher errichteten Dynastien. Doch alles, was nur auf Menschenhand basiert, zerfiel mit der Zeit. Was blieb, war immer der Glaube. Der Glaube, dass Allah alles lenkt, dass Er die Herzen hält, wenn die Welt unsicher scheint.

Ich sehe das Universum als lebendiges Wesen, erschaffen mit einem perfekten Gleichgewicht. Sterne explodieren und neue werden geboren, doch niemals fällt das Universum ins Chaos. Warum? Weil es einem göttlichen Gesetz folgt, einer Ordnung, die nicht von Menschen gemacht wurde. Ebenso ist unser Leben geordnet, auch wenn wir es nicht immer erkennen. Wer sich Allah anvertraut, findet eine Sicherheit, die kein Sturm erschüttern kann.

Wahrer Glaube ist keine naive Hoffnung. Er ist das Wissen, dass selbst in den dunkelsten Stunden eine Hand uns hält. Al-Mu'min – Der Sichernde, der uns

Glauben schenkt, ist immer da. Und das Universum selbst trägt dieses Zeichen in sich, für jeden, der es zu sehen vermag.

7 - Al-Muhaymin – Der Beschützer

Ein kleines Kind verirrte sich in einem dunklen Wald. Die Bäume ragten hoch auf, der Wind pfiff durch die Äste. Doch plötzlich erschien ein Licht in der Ferne, sanft und beruhigend. Es führte das Kind sicher nach Hause. Jahre später erzählte es, dass es keine Angst verspürt hatte – nur eine wärmende, unsichtbare Kraft, die es behütet hatte. Die Menschen verstanden: Es war Allahs Schutz, der in den Schatten leuchtete.

Es gibt Momente im Leben, in denen wir uns schutzlos fühlen, in denen wir glauben, allein in der Dunkelheit zu stehen. Doch die Wahrheit ist, dass wir nie wirklich allein sind. Allahs Schutz ist wie der Wind, den wir nicht sehen, aber spüren, wie das Licht, das uns den Weg weist, auch wenn wir den Ursprung nicht erkennen können.

Ich erinnere mich an eine Nacht, in der ich mich verloren fühlte – nicht in einem Wald, sondern in mir selbst. Gedanken kreisten in meinem Kopf, Zweifel wuchsen, und ich wusste nicht, welchen Weg ich nehmen sollte. Doch dann spürte ich etwas – eine Ruhe, eine leise Stimme in meinem Inneren, die mir sagte: „Du bist behütet." Und genau wie das Kind, das dem Licht folgte, fand auch ich meinen Weg zurück.

Die Menschen haben immer nach Schutz gesucht. In alten Zeiten bauten sie hohe Mauern um ihre Städte, in der Hoffnung, sich vor Feinden zu bewahren. Doch die größten Gefahren kommen oft nicht von außen, sondern von innen – Angst, Hoffnungslosigkeit, Zweifel. Der wahre Schutz liegt nicht in Stein und Waffen, sondern in der göttlichen Kraft, die unsere Seelen bewahrt.

Das Universum selbst ist ein Ort des Schutzes. Die Atmosphäre schützt die Erde vor den brennenden Strahlen der Sonne, das Magnetfeld lenkt gefährliche Ströme ab, das Gleichgewicht aller Dinge hält das

Leben aufrecht. Wenn Allah bereits das ganze Universum so erschaffen hat, dass es uns schützt, warum sollten wir dann an Seinem Schutz für unsere Herzen zweifeln?

Al-Muhaymin – Der Beschützer – ist immer da. Ob wir Ihn sehen oder nicht, ob wir Seinen Schutz erkennen oder nicht, Er hält uns in Seiner Obhut. Und wenn wir lernen, diesem Schutz zu vertrauen, werden wir wie das Kind im Wald sein – voller Frieden, selbst in der tiefsten Dunkelheit.

8 - Al-'Aziz – Der Allmächtige

Der Sturm kam mit unbändiger Kraft, entwurzelte Bäume, zerstörte Häuser. Doch als sich die Wolken verzogen, stand mitten auf einem Hügel eine einzelne Blume, unberührt von der Gewalt der Natur. Ein alter Mann zeigte auf sie und sagte: „Hier liegt die wahre Macht – in der Hand Allahs, der alles erschafft und alles erhält."

Ich habe mich oft gefragt, was wahre Macht bedeutet. Die Welt lehrt uns, dass Macht in Waffen, in Geld, in Einfluss liegt. Doch die wahre Kraft liegt in dem, was nicht zerbricht, in dem, was allen Stürmen standhält. Wie die Blume auf dem Hügel, die nach der Verwüstung noch immer in Richtung Himmel wuchs.

Einmal stand ich inmitten eines heftigen Sturms. Die Bäume um mich herum bogen sich, der Wind drückte gegen mich. Ich fühlte mich klein, machtlos gegen die Naturgewalten. Doch als der Sturm nachließ, erkannte ich, dass ich noch immer da war, dass meine Seele unberührt geblieben war. In diesem Moment verstand ich: Allahs Macht liegt nicht nur in der unermesslichen Kraft, die alles erschaffen hat, sondern auch in der Sanftheit, mit der Er das Erschaffene bewahrt.

Durch die Geschichte hindurch haben die Menschen versucht, sich diese Macht anzueignen. Sie bauten

Reiche, führten Kriege, versuchten, sich über die Natur zu stellen. Doch kein Imperium hielt ewig, keine Armee war unbesiegbar. Alles, was die Menschen schufen, zerfiel, weil es nicht aus der göttlichen Wahrheit bestand. Doch das Universum – von Allah geschaffen – bleibt bestehen.

Ich sehe das Universum als ein Zeichen Seiner Allmacht. Die Sterne, die seit Milliarden von Jahren leuchten, die Wellen, die ewig an die Küsten schlagen, der Wind, der ohne Ruhe über die Welt zieht – all das sind Erinnerungen daran, dass Allah der wahre Herr der Kraft ist. Wer in Seiner Macht Zuflucht sucht, wird nicht fallen. Wer sich Seinem Willen hingibt, wird stehen bleiben, selbst wenn um ihn herum alles zerbricht.

Al-'Aziz – Der Allmächtige – ist keine rohe Gewalt, sondern die unerschütterliche Kraft, die das Universum zusammenhält, die Ordnung bewahrt, die unsere Herzen in der größten Prüfung standhaft macht. Ich fühle Seine Macht in den Stürmen meines Lebens – nicht als Bedrohung, sondern als Zeichen, dass ich mich Seinem unendlichen Schutz anvertrauen darf.

9 - Al-Jabbar – Der Bezwinger, der Wiederherstellende

Ein Dorf wurde von einer Katastrophe heimgesucht, die Häuser lagen in Trümmern. Die Menschen weinten um das, was sie verloren hatten. Doch mit der Zeit wuchsen neue Pflanzen, neue Häuser entstanden,

Kinder lachten wieder. Allah hatte das Land geheilt, so wie Er gebrochene Herzen wieder heilt.

Ich habe oft über das Prinzip der Wiederherstellung nachgedacht. Die Welt scheint voller Zerstörung – Städte werden niedergerissen, Wälder brennen, Leben werden auseinandergerissen. Doch wenn wir genau hinschauen, erkennen wir, dass das Universum von einem ständigen Kreislauf aus Zerfall und Erneuerung geprägt ist.

Ein Baum stirbt, doch aus seinem Samen erwächst ein neuer. Ein Fluss trocknet aus, doch nach dem Regen fließt er wieder mit voller Kraft. Auch in meinem eigenen Leben habe ich Momente der Zerstörung erlebt – Zeiten, in denen alles, was ich kannte, auseinanderzufallen schien. Doch jedes Mal zeigte sich Allahs Macht als der Wiederherstellende. Er ließ mich neu wachsen, gab mir eine zweite Chance, schenkte mir die Kraft, weiterzugehen.

Die Menschen haben immer geglaubt, dass nach einer Katastrophe alles vorbei sei. Doch Allah hat uns gelehrt, dass in jeder Zerstörung die Möglichkeit einer neuen Schöpfung liegt. In der Geschichte der Menschheit gab es Kriege, Naturkatastrophen, persönliche Tragödien – und doch stand das Leben jedes Mal wieder auf. Es wurde erneuert, nicht durch bloßen Zufall, sondern durch Allahs unendliche Weisheit.

Ich sehe das Universum als einen lebendigen Beweis für diesen Namen. Sterne vergehen, doch aus ihrer Asche entstehen neue Sonnen, neue Planeten, neues Leben. Allah ist derjenige, der alles bricht, was zerfallen muss, doch Er ist auch derjenige, der alles wieder heilt. Unsere Herzen, unsere Seelen, unser Leben – alles kann erneuert werden, wenn wir uns Seiner Macht hingeben.

Al-Jabbar – Der Bezwinger, der Wiederherstellende – zeigt sich in jedem Neuanfang, in jedem Atemzug, den wir nach einem Moment der Dunkelheit nehmen. Wer dieses Prinzip versteht, wird erkennen, dass nichts wirklich verloren ist. Alles, was fällt, kann durch Allahs Hand wieder aufgerichtet werden. So wie das Dorf aus den Trümmern neu erwuchs, so wächst auch unsere Seele aus den Prüfungen, die uns stärker machen.

10 - Al-Mutakabbir – Der Erhabene

Ein Mann hielt sich für größer als alle anderen, sein Stolz ließ ihn hochmütig auf die Welt blicken. Doch eines Tages ging er in die Wüste und sah die unendliche Weite, die Milliarden von Sternen über ihm. Er sank auf die Knie und erkannte: Allah allein ist erhaben, und der Mensch ist nur ein Staubkorn in Seiner Schöpfung.

Es gibt Momente im Leben, in denen wir uns unbesiegbar fühlen. Wenn Erfolg uns zu Füßen liegt, wenn unser Wissen uns über andere erhebt, wenn wir glauben, dass wir alles erreicht haben. Doch all dies ist eine Illusion. Die wahre Größe gehört nur Allah, dem Erhabenen, dessen Macht über alles hinausgeht, was der Mensch begreifen kann.

Ich erinnere mich an einen Moment, als ich in der Stille der Nacht den Sternenhimmel betrachtete. Millionen von Lichtpunkten, jede einzelne ein leuchtendes Zeichen der Schöpfung. Ich fühlte mich klein, so winzig im Vergleich zur Weite des Universums. Doch es war keine erniedrigende Kleinheit, sondern eine befreiende. Denn in dieser Erkenntnis lag Wahrheit: Allah ist der Erhabene, der alles lenkt, während wir nur für einen kurzen Moment auf dieser Erde verweilen.

In der Geschichte der Menschheit haben viele geglaubt, unantastbar zu sein. Herrscher errichteten Monumente für sich selbst, Gelehrte hielten ihr Wissen für das Höchste, Reiche glaubten, ihre Macht sei ewig. Doch am Ende verging alles. Was bleibt, ist die Wahrheit, dass nur Allah wahrhaft erhaben ist.

Ich sehe das Universum als lebendige Erinnerung an diese Erhabenheit. Es dehnt sich aus, ohne dass wir es verstehen können. Es trägt Geheimnisse, die kein Wissenschaftler je entschlüsseln wird. Es erinnert uns daran, dass unser Platz nicht über anderen liegt, sondern in Demut vor der Größe des Schöpfers.

Al-Mutakabbir – Der Erhabene – lehrt uns, dass Stolz, der sich über andere erhebt, eine Täuschung ist. Doch wahre Erhabenheit liegt in der Hingabe an Allah, in der Akzeptanz, dass wir Teil Seiner unendlichen Schöpfung sind. Wer dies erkennt, wird sich nicht mehr über andere stellen, sondern mit Demut und Liebe in die Welt blicken. Denn der wahre Herrscher ist nicht derjenige, der über Menschen herrscht – sondern derjenige, der sich Allah unterwirft und in Seiner Größe Frieden findet.

11 - Al-Khaliq – Der Schöpfer

Ein Bildhauer arbeitete jahrelang an einer Statue, die er für vollkommen hielt. Doch als er in den Wald trat, sah er eine Blume, deren Farbenpracht und Perfektion jede seiner Schöpfungen übertraf. In diesem Moment erkannte er, dass wahre Schöpfung nur von Allah kommen konnte.

Seit jeher strebt der Mensch danach, selbst zu erschaffen – Kunstwerke, Bauwerke, Maschinen. Er formt aus Stein, er gießt aus Metall, er schreibt und komponiert. Doch in all seiner Schaffenskraft bleibt er ein Nachahmer, ein Sammler von Materialien, die bereits existieren. Die wahre Schöpfung liegt jenseits menschlicher Hände, sie liegt in der Essenz des Seins selbst.

Ich erinnere mich an eine Nacht, in der ich über die Ordnung des Universums nachdachte. Wie aus einem leeren Raum Sterne geboren werden, wie sich Leben aus einem einzigen Samen entfaltet, wie ein Herz beginnt zu schlagen, lange bevor der Verstand begreifen kann. Ich erkannte: Allahs Schöpfung ist vollkommen, weil sie aus Seinem Willen entspringt, ohne Vorlage, ohne Begrenzung.

Die Menschen haben über die Jahrhunderte versucht, das Geheimnis des Lebens zu entschlüsseln. Sie suchten nach den Bausteinen des Universums, nach den Regeln der Natur, nach der Quelle der Existenz. Doch jedes Mal, wenn sie eine Antwort fanden, stellten sich neue Fragen. Denn der Schöpfer bleibt unergründlich, Sein Wissen übersteigt jedes menschliche Verständnis.

Ich sehe das Universum als ein ewiges Zeichen Seiner Schöpfungskraft. Die Bewegung der Planeten, das Wachsen der Wälder, das Leuchten der Sterne – alles folgt einem göttlichen Plan, in dem nichts zufällig geschieht. Jeder Atemzug, den wir nehmen, ist ein Geschenk des Schöpfers, jede Blume, die blüht, ein Beweis Seiner unendlichen Kunstfertigkeit.

Al-Khaliq – Der Schöpfer – erinnert uns daran, dass wir in einer Welt voller Wunder leben, in der nichts ohne Grund existiert. Wer dies begreift, wird erkennen, dass wahre Schöpfung nicht in unseren Händen liegt, sondern in der unermesslichen Weisheit Allahs, der aus dem Nichts Welten erschafft.

12 - Al-Bari' – Der Erschaffer aus dem Nichts

Die Wüste war einst leer, eine endlose Fläche aus Sand. Doch nach einem Regen sprossen plötzlich Pflanzen, als hätte eine verborgene Hand Leben hineingehaucht. Die Menschen staunten und sagten: „Allah erschafft aus dem Nichts."

Es gibt eine besondere Schönheit in der Art, wie Allah das Leben erschafft – nicht aus bereits Existierendem, sondern aus dem Nichts heraus. Wo wir Leere sehen, sieht Allah Möglichkeiten. Wo wir Trostlosigkeit erkennen, erschafft Er neues Leben.

Ich erinnere mich an einen Moment, in dem ich glaubte, alles verloren zu haben. Mein Weg schien abgeschnitten, meine Zukunft ungewiss. Doch genau in dieser Leere, in diesem Moment der absoluten Hoffnungslosigkeit, begann etwas Neues. Es geschah nicht über Nacht, doch Stück für Stück wurde mein Leben mit neuer Bedeutung gefüllt. Ich erkannte: Allah erschafft nicht nur das Universum aus dem Nichts, sondern auch unsere Wege, wenn wir Ihm vertrauen.

Die Wissenschaft spricht von der Leere des Weltalls, von der Dunkelheit zwischen den Sternen. Doch selbst diese Dunkelheit ist voller Möglichkeiten – aus ihr entstehen neue Galaxien, neue Welten. Allahs Schöpfung ist nicht an das gebunden, was wir sehen. Sie beginnt im Verborgenen, in einem Moment, in dem noch nichts existiert, und entfaltet sich in einer Perfektion, die kein Mensch je begreifen wird.

Die Pflanzen in der Wüste, die aus dem trockenen Sand wachsen, die Sterne, die sich aus Staubwolken formen, das Leben, das aus einer einzigen Zelle entsteht – all das sind Zeichen Seiner Schöpfungskraft. Al-Bari' – Der Erschaffer aus dem Nichts – erinnert uns daran, dass es keine endgültige Leere gibt, sondern nur einen Raum für Allahs nächste Schöpfung.

13 - Al-Musawwir – Der Gestalter

Ein Maler saß vor einer Leinwand und versuchte, die Schönheit eines Sonnenuntergangs einzufangen. Doch egal, wie er sich bemühte, er konnte nie die wahre Pracht der Farben wiedergeben. Da erkannte er, dass Allah der wahre Gestalter war, der alles in vollkommener Harmonie erschuf.

Seit jeher versucht der Mensch, Schönheit zu erschaffen – durch Kunst, Architektur, Musik. Doch egal, wie beeindruckend ein Gemälde oder ein Bauwerk auch sein mag, es bleibt immer ein schwacher Schatten der wahren Schöpfung Allahs. Seine Farben sind intensiver, seine Formen vollkommener, seine Muster unnachahmlich.

Ich erinnere mich an einen Moment, als ich einen Schmetterling beobachtete. Die Muster auf seinen Flügeln waren so fein, so detailreich, dass kein Künstler sie je hätte nachbilden können. Ich verstand: Allah ist der wahre Gestalter, der jedem Wesen seine

Einzigartigkeit verleiht, jeder Blume ihre Farben, jedem Himmel sein Licht.

Die Wissenschaft kann erklären, wie Farben entstehen, wie Formen sich entwickeln, wie das Licht reflektiert wird. Doch sie kann nicht erfassen, warum Schönheit unser Herz berührt, warum eine Landschaft uns zum Staunen bringt. Denn wahre Schönheit ist nicht nur ein visuelles Phänomen – sie ist eine göttliche Handschrift.

Das Universum ist voller Perfektion, nicht nur in seinen großen Wundern, sondern auch in den kleinsten Details. Al-Musawwir – Der Gestalter – zeigt sich in jedem Wesen, in jeder Form, die wir sehen. Wer dies erkennt, wird verstehen, dass wahre Schönheit nicht erschaffen, sondern nur entdeckt werden kann – als Zeichen der göttlichen Harmonie, die alles durchdringt.

14 - Al-Ghaffar – Der Vergebende

Ein alter Mann trug eine Last auf seinen Schultern, nicht aus Steinen, sondern aus Schuld. Er hatte Fehler begangen, Menschen verletzt, falsche Entscheidungen getroffen. Eines Tages fand er sich an einem Fluss wieder. Er kniete sich nieder, wusch sein Gesicht und sprach aus tiefstem Herzen: „Oh Allah, vergib mir." Das Wasser floss weiter, trug seine Last mit sich, und als er aufstand, spürte er eine neue Leichtigkeit in seinem Herzen. Allahs Vergebung war wie der Fluss – ewig fließend, immer reinigend.

Es gibt keine Seele auf dieser Welt, die ohne Fehler ist. Wir alle haben Momente der Schwäche, Zeiten, in denen wir das Falsche tun, obwohl wir das Richtige kennen. Doch Allahs Gnade ist unermesslich. Er vergibt nicht nur einmal, sondern immer wieder, solange wir zu Ihm zurückkehren.

Ich erinnere mich an eine Zeit, in der ich glaubte, nicht mehr würdig zu sein. Meine Fehler lasteten auf mir, ich fühlte mich gefangen in meiner eigenen Vergangenheit. Doch dann las ich über Allahs unendliche Vergebung. Ich begriff: Die Schuld liegt nicht in unseren Taten allein, sondern in der Weigerung, Vergebung zu suchen. Als ich meine Last zu Allah brachte, spürte ich, wie sie leichter wurde. Nicht, weil die Vergangenheit sich änderte, sondern weil ich lernte, auf Seine Barmherzigkeit zu vertrauen.

Das Universum selbst zeigt uns dieses Prinzip. Die Natur kennt keine endgültige Zerstörung – ein verbrannter Wald wächst wieder, ein ausgetrockneter Fluss füllt sich nach dem Regen. Allahs Schöpfung zeigt uns, dass nichts endgültig verloren ist. Wer sich Seiner Vergebung hingibt, findet Heilung für sein Herz.

Al-Ghaffar – Der Vergebende – erinnert uns daran, dass kein Fehler zu groß ist, keine Schuld zu schwer, wenn wir sie in aufrichtiger Reue vor Allah bringen. So wie der Fluss das Alte mit sich nimmt, so lässt uns Allah mit jeder Bitte um Vergebung neu beginnen. Wer dies begreift, wird wissen: Seine Barmherzigkeit ist unendlich, und Sein Vergeben kennt keine Grenzen.

15 - Al-Qahhar – Der Allbezwinger

Ein mächtiger Herrscher hielt die Welt in Angst, doch er war selbst ein Gefangener – der Gefangene seiner Gier, seines Stolzes. Jahre vergingen, und eines Tages wurde er von Krankheit heimgesucht. Seine Reichtümer konnten ihm nicht helfen, seine Macht zerbröckelte. Er erkannte, dass Allah allein der wahre Bezwinger ist – nicht durch Gewalt, sondern durch die unaufhaltsame Wahrheit des Lebens.

Die Menschen fürchten oft jene, die über sie herrschen. Sie sehen die Gewalt der Mächtigen, die Willkür der Tyrannen, und glauben, dass Macht in den Händen der Menschen liegt. Doch wahre Macht gehört allein Allah. Er ist es, der Könige erhebt und sie wieder fallen lässt. Er ist es, der die Sterne entstehen lässt und sie vergehen lässt. Alles unterliegt Seinem Willen.

Ich erinnere mich an eine Zeit, in der ich selbst dachte, Kontrolle über mein Leben zu haben. Ich plante, ich entschied, ich glaubte, dass alles nach meinem Willen geschah. Doch dann kam ein Moment, der mich Demut lehrte – ein Moment, in dem ich erkannte, dass meine Kraft nicht ausreichte, dass mein Wille begrenzt war. Es war eine Prüfung, eine Erinnerung daran, dass Allah allein der Allbezwinger ist.

Die Geschichte der Menschheit ist eine Abfolge von Herrschaften, von Mächtigen, die glaubten, sie seien unbesiegbar. Doch jeder von ihnen wurde besiegt, sei es durch Zeit, durch Krankheit oder durch das Schicksal. Kein Kaiser, kein König, kein Tyrann konnte dem Gesetz Allahs entkommen. Er allein bezwingt das, was sich gegen Ihn erhebt. Nicht mit roher Gewalt, sondern mit der Wahrheit, die unausweichlich ist.

Ich sehe das Universum als ein Abbild dieser Wahrheit. Sterne, die einst riesige Feuerbälle waren, werden zu Staub, Planeten vergehen, wenn ihre Zeit gekommen ist. Doch mit jedem Ende beginnt etwas Neues, weil Allah der Allbezwinger ist – nicht um zu zerstören, sondern um Ordnung zu wahren.

Al-Qahhar – Der Allbezwinger – ist keine zerstörerische Macht, sondern eine, die alles in den richtigen Platz rückt. Wer dies versteht, wird erkennen, dass es sinnlos ist, gegen Allahs Willen zu kämpfen. Wahre Kraft liegt in der Hingabe an Seinen Plan, in der Demut vor Seiner Macht. Denn nur in dieser Hingabe finden wir Frieden – frei von Stolz, frei von Angst, geborgen in Seiner unendlichen Weisheit.

16 - Al-Wahhab – Der Großzügige Geber

Ein armer Mann fand eines Tages eine Goldmünze auf der Straße. Er hob sie auf und wusste, dass er nun seine Familie ernähren konnte. Doch als er einen anderen Mann sah, der noch ärmer war als er, schenkte er ihm die Münze. Am nächsten Tag fand er vor seiner Tür einen Sack voll Nahrung – ein Geschenk, das von Allah selbst zu ihm kam. Denn wer gibt, dem wird gegeben.

Die Großzügigkeit Allahs ist grenzenlos. Er gibt uns, ohne dass wir darum bitten. Er schenkt Leben, Nahrung, Liebe und unzählige Gaben, die wir oft für selbstverständlich halten. Und wenn wir von Seiner Großzügigkeit lernen und weitergeben, zeigt sich

Seine Barmherzigkeit auf wundersame Weise in unserem eigenen Leben.

Ich erinnere mich an einen Moment, als ich selbst etwas Wertvolles opferte, um einem anderen zu helfen. Es war eine kleine Tat, ein kleiner Verzicht, und doch wurde ich kurz darauf selbst mit einer Gunst beschenkt, die ich nicht erwartet hatte. In diesem Moment verstand ich: Allah gibt nicht nur den Bedürftigen, sondern auch jenen, die mit offenem Herzen geben.

Das Universum selbst zeigt uns dieses Prinzip. Ein Baum gibt seine Früchte frei, ohne eine Gegenleistung zu erwarten. Die Sonne spendet Licht, ohne dafür etwas zu fordern. Das Meer gibt seine Wellen, der Wind seine Kühle – alles in einem Kreislauf des Gebens. Wer nach Allahs Willen handelt, wird Teil dieses göttlichen Kreislaufs und erfährt, dass wahre Fülle nicht im Nehmen, sondern im Geben liegt.

Al-Wahhab – Der Großzügige Geber – erinnert uns daran, dass Allahs Gaben unendlich sind. Wer gibt, wird empfangen. Wer anderen hilft, wird selbst Hilfe finden. Wer Vertrauen in Seine Großzügigkeit hat, wird niemals Mangel leiden, denn Allahs Güte kennt keine Grenzen.

17 - Ar-Razzaq – Der Versorger

Ein Vogel erwachte jeden Morgen ohne Vorräte, doch er flog hinaus in die Welt, und Allah versorgte ihn mit Nahrung. Ein alter Weiser beobachtete dies und sprach: „Sei wie der Vogel. Vertraue auf Allah, und Er wird dich versorgen, so wie Er das ganze Universum erhält."

Oft haben wir Angst vor der Zukunft. Wir fürchten uns vor Hunger, vor Mangel, vor Unsicherheit. Doch wenn wir in die Natur blicken, sehen wir: Kein Geschöpf bleibt unversorgt. Der Himmel sendet Regen, die Erde bringt Früchte hervor, der Wind trägt Samen von einem Ort zum anderen. Alles folgt einem göttlichen Plan.

Ich erinnere mich an eine Zeit, in der ich nicht wusste, wie es weitergehen sollte. Meine Sorgen waren groß, mein Vertrauen gering. Doch dann sah ich einen Baum, der mitten in einer trockenen Landschaft wuchs. Seine Wurzeln fanden Wasser, das für das Auge unsichtbar war. In diesem Moment verstand ich: Allah versorgt uns, oft auf Wegen, die wir nicht erkennen.

Die Geschichte des Universums erzählt dasselbe Prinzip. Sterne erhalten ihre Energie über Milliarden von Jahren, Pflanzen wandeln Licht in Nahrung um, Flüsse bahnen sich unaufhaltsam ihren Weg, um

Leben zu bringen. Allahs Versorgung ist überall sichtbar – in den kleinsten und größten Wundern Seiner Schöpfung.

Ar-Razzaq – Der Versorger – lehrt uns, dass wir vertrauen dürfen. Wir sind nicht allein in unserer Sorge, nicht vergessen in unserer Not. So wie der Vogel jeden Morgen auf Nahrung vertraut, so dürfen auch wir auf Allahs Fürsorge hoffen. Wer dieses Vertrauen verinnerlicht, wird erkennen, dass das wahre Leben nicht in Angst besteht, sondern in der Gewissheit, dass Allah immer gibt, was wir brauchen.

18 - Al-Fattah – Der Öffnende

Ein Mann suchte jahrelang nach einer Lösung für seine Probleme. Er klopfte an Türen, bat um Hilfe, doch fand keine Antwort. Eines Morgens stand er in der Morgendämmerung da und betete mit aufrichtigem Herzen. Kurz darauf begegnete er einem Fremden, der ihm einen Weg zeigte, den er nie zuvor gesehen hatte. Allah öffnet die Türen, wenn die Zeit reif ist.

Es gibt Momente im Leben, in denen wir vor verschlossenen Türen stehen. Wir versuchen, sie mit unserer eigenen Kraft zu öffnen, rütteln an den Griffen, doch nichts bewegt sich. Dann verzweifeln wir und fragen uns, ob wir vergessen wurden. Doch Allah, der Öffnende, zeigt uns, dass keine Tür ewig verschlossen bleibt – wenn der richtige Moment gekommen ist, öffnet sich der Weg.

Ich erinnere mich an eine Zeit, in der ich mich gefangen fühlte. Alle Wege schienen blockiert, jede Hoffnung schwand. Doch dann kam ein unerwarteter Wendepunkt, eine Möglichkeit, die ich nie in Betracht gezogen hatte. In diesem Moment verstand ich: Allah öffnet die Türen nicht nach unserem Zeitplan, sondern dann, wenn es für uns am besten ist.

Das Universum selbst spiegelt dieses Prinzip wider. Samen liegen verborgen in der Erde, scheinbar ohne Leben. Doch wenn der Regen fällt und das Sonnenlicht sie erreicht, brechen sie auf und wachsen zu prächtigen Pflanzen heran. Alles geschieht zur rechten Zeit, wenn Allah es will.

Al-Fattah – Der Öffnende – lehrt uns, dass Geduld und Vertrauen der Schlüssel sind. Wer an Allahs Weisheit glaubt, wird erkennen, dass jede verschlossene Tür nur darauf wartet, sich im richtigen Augenblick zu öffnen. Und wenn sie sich öffnet, führt sie uns auf einen Weg, den wir nie für möglich gehalten hätten.

19 - Al-Alim – Der Allwissende

Ein Schüler saß vor einem Buch, doch er verstand nichts. Frustriert wollte er aufgeben, doch dann erinnerte er sich an ein Gebet: „Oh Allah, lehre mich das, was ich nicht weiß." Plötzlich erschienen ihm die Worte klar, sein Verstand öffnete sich. Er erkannte: Wissen kommt nicht nur aus Büchern, sondern aus Allahs Licht.

Wissen ist mehr als das, was in Büchern geschrieben steht. Es ist die Weisheit, die aus Erfahrung wächst, die Erkenntnis, die sich in der Stille des Herzens offenbart. Allah ist der Allwissende – nichts ist Ihm verborgen, keine Frage bleibt unbeantwortet, wenn wir mit aufrichtigem Herzen nach Wissen suchen.

Ich erinnere mich an eine Zeit, in der ich nach Antworten suchte. Ich las, ich fragte, doch meine Verwirrung blieb. Erst als ich mich im Gebet Allah zuwandte, spürte ich, dass Wissen nicht nur aus dem Verstand kommt, sondern aus Seinem Licht, das unsere Herzen erhellt.

Das Universum selbst ist ein Buch des Wissens. Die Sterne tragen Geschichten von vergangenen Zeiten, das Meer bewahrt Geheimnisse, die nur Allah kennt. Jede Blume, jeder Windstoß, jedes Lebewesen trägt ein Stück Seiner unendlichen Weisheit in sich.

Al-Alim – Der Allwissende – lehrt uns, dass wahres Wissen nicht nur darin liegt, Fakten zu sammeln, sondern in der Demut, anzuerkennen, dass Allah allein alles weiß. Wer dieses Wissen sucht, wird geführt, nicht nur durch Bücher, sondern durch das Licht, das Allah in unsere Seelen legt.

20 - Al-Qabid – Der Zurückhaltende

Ein Mann hatte Wohlstand, doch plötzlich wurde ihm alles genommen. In seiner Verzweiflung fragte er: „Warum, oh Allah?“ Später erkannte er, dass ihn sein Reichtum von Allah entfernt hatte. Nun, da er nichts hatte, fand er den wahren Wert des Lebens – und schließlich schenkte Allah ihm auf eine Weise, die er nie erwartet hätte.

Es gibt Zeiten, in denen wir uns in Dunkelheit wiederfinden. Wenn alles, was wir lieben, aus unseren Händen gleitet, wenn uns das Leben zu nehmen scheint, was uns einst sicher erschien. In solchen

Momenten fragen wir uns: Warum? Warum wird uns genommen, was wir für selbstverständlich hielten?

Ich erinnere mich an einen Moment in meinem Leben, als ich einen Verlust erlitt, der mich bis ins Innerste erschütterte. Es war eine Zeit der Unsicherheit, der Angst, des Zweifelns. Doch später erkannte ich, dass dieser Verlust kein Ende war, sondern ein Neuanfang. Denn manchmal nimmt Allah, um Platz für etwas Besseres zu schaffen. Er hält zurück, um uns auf etwas Größeres vorzubereiten.

Das Universum selbst zeigt uns dieses Prinzip. Ein Baum verliert im Herbst seine Blätter, doch nur, um im Frühling in neuer Pracht zu erblühen. Ein Fluss kann austrocknen, nur um nach einem Regen wieder zu strömen. Nichts geschieht grundlos – Allahs Weisheit durchzieht alles.

Al-Qabid – Der Zurückhaltende – lehrt uns, dass wir nicht immer sofort verstehen, warum wir durch Prüfungen gehen müssen. Doch wer Vertrauen hat, wird erkennen, dass jede Entbehrung eine tiefere Bedeutung trägt. Allah hält uns nicht zurück, um uns zu bestrafen, sondern um uns zu formen, um uns vorzubereiten auf Segnungen, die wir uns nicht einmal vorstellen können.

21 - Al-Basit – Der Freigiebige

Ein Kind stand im Regen und hielt seine Hände auf. Es wusste nicht, woher das Wasser kam, doch es fühlte sich gesegnet. So wie Allah die Wolken ausbreitet, um Regen zu schenken, breitet Er Seine

Gnade über diejenigen aus, die ihre Hände zu Ihm erheben.

Allah gibt, ohne dass wir darum bitten. Seine Großzügigkeit ist grenzenlos, und oft erkennen wir erst im Nachhinein, wie sehr Er uns mit Seinen Gaben beschenkt. Es ist ein Fluss des Segens, der nie versiegt, eine Quelle, die niemals austrocknet.

Ich erinnere mich an eine Zeit, in der ich dachte, ich hätte nichts mehr. Doch mit der Zeit erkannte ich, dass Allah mir immer gegeben hatte – nicht nur in materieller Form, sondern durch Liebe, durch Wissen, durch Erfahrungen, die mich wachsen ließen. Seine Freigiebigkeit zeigt sich nicht nur in dem, was wir besitzen, sondern in allem, was uns umgibt.

Das Universum selbst ist ein Zeugnis Seiner Großzügigkeit. Die Sonne gibt ihr Licht, ohne es zu behalten, der Regen fällt, um Leben zu schenken, und die Erde bringt unaufhörlich Früchte hervor. Alles in der Schöpfung ist ein Zeichen für Al-Basit, den Freigiebigen, der Seine Hände ausstreckt, um zu geben.

Al-Basit – Der Freigiebige – lehrt uns, dass wahre Fülle nicht im Horten liegt, sondern im Vertrauen darauf, dass Allah immer versorgt. Wer seine Hände zu Ihm erhebt, wird niemals leer ausgehen. Denn so wie der Regen auf das Land fällt, fällt Seine Gnade auf jene, die mit offenem Herzen empfangen.

22 - Al-Khafid – Der Erniedrigende

Ein stolzer König glaubte, er sei unbesiegbar. Doch als sein eigenes Volk ihn verließ und er allein in seinem Palast saß, erkannte er, dass seine Macht eine Illusion war. Allah erhebt und erniedrigt, denn wahre Größe liegt nicht im Besitz, sondern in der Demut.

Die Welt lehrt uns, dass Macht in Reichtum, Einfluss und Kontrolle liegt. Doch das Leben zeigt immer wieder, dass diese Art von Macht vergänglich ist. Was heute unantastbar scheint, kann morgen bedeutungslos sein. Die wahren Gesetze der Existenz folgen nicht menschlichem Stolz, sondern Allahs Willen.

Ich erinnere mich an einen Moment, in dem ich glaubte, alles unter Kontrolle zu haben. Doch dann kam eine Prüfung, die mich demütigte, die mich erkennen ließ, dass ich nicht so stark war, wie ich dachte. Erst in dieser Schwäche entdeckte ich eine neue Art von Stärke – die Kraft der Hingabe, die Erkenntnis, dass wahre Größe nicht in Arroganz, sondern in Demut liegt.

Das Universum selbst ist ein Spiegel dieses Prinzips. Sterne, die einst strahlten, verlöschen und werden zu Staub, aus dem neue Welten entstehen. Berge erheben sich, nur um irgendwann vom Wind und Wasser abgetragen zu werden. Alles ist in einem ewigen Kreislauf der Erhöhung und Erniedrigung – gelenkt von Allahs Weisheit.

Al-Khafid – Der Erniedrigende – erinnert uns daran, dass wir in Momenten der Demut am meisten lernen. Wer hochmütig ist, wird fallen, doch wer sich in Ehrfurcht vor Allah beugt, wird erhoben. Denn wahre Erhöhung kommt nicht durch Macht, sondern durch die Nähe zu Allah, die größer ist als jede irdische Herrschaft.

23 - Ar-Rafi' – Der Erhöhende

Ein armer Waisenjunge wuchs in schwierigen Verhältnissen auf. Doch er hielt an seinem Glauben fest, suchte Wissen und half anderen, wo er konnte. Jahre später wurde er ein angesehener Gelehrter. Allah erhebt jene, die an Ihn glauben, selbst wenn sie ganz unten anfangen.

Es gibt eine Kraft, die größer ist als jede menschliche Anstrengung – die Kraft, die aus Aufrichtigkeit und Hingabe wächst. Allah erhebt nicht den, der nach Macht strebt, sondern den, der sein Herz für Ihn öffnet. Wahre Erhöhung kommt nicht durch Reichtum oder Einfluss, sondern durch Gnade und Weisheit.

Ich erinnere mich an Geschichten von Menschen, die mit nichts begannen und durch ihren Glauben zu Vorbildern wurden. Nicht, weil sie nach Ruhm suchten, sondern weil Allah sie erhob. Jene, die Gutes tun, die Wissen suchen und anderen helfen, werden von Ihm auf Wege geführt, die sie sich nie hätten erträumen können.

Das Universum selbst zeigt dieses Prinzip. Kleine Samen werden zu mächtigen Bäumen, Flüsse graben sich tief in die Erde und formen Landschaften, Sterne, die aus Staub geboren werden, leuchten heller als alles, was wir kennen. Allah erhebt das Kleine, das Schwache, das Unscheinbare – und macht daraus etwas Großartiges.

Ar-Rafi' – Der Erhöhende – erinnert uns daran, dass wahre Größe nicht in irdischen Titeln oder

Besitztümern liegt. Wer Allah vertraut, wird auf Wegen erhoben, die über das Materielle hinausgehen. Denn die höchste Erhebung ist die, die uns Ihm näherbringt.

24 - Al-Mu‘izz – Der Ehrenvolle

Ein einfacher Mann sprach die Wahrheit, auch wenn es ihm Schwierigkeiten brachte. Jahre später wurde er für seine Aufrichtigkeit geachtet, während jene, die gelogen hatten, in Vergessenheit gerieten. Allah gibt Ehre, wem Er will.

Wahre Ehre liegt nicht im äußeren Glanz, nicht im Reichtum oder in der Macht, sondern in der Standhaftigkeit der Seele. Derjenige, der aufrichtig bleibt, selbst wenn es schwerfällt, derjenige, der für Gerechtigkeit eintritt, auch wenn es unbequem ist – das sind die Menschen, die Allah ehrt.

Ich erinnere mich an eine Geschichte von jemandem, der in bescheidenen Verhältnissen lebte, aber durch seine Ehrlichkeit und Güte die Herzen der Menschen gewann. Er wurde nicht wegen seines Reichtums geachtet, sondern wegen seiner Aufrichtigkeit. Jahre später suchten selbst die Mächtigen seinen Rat, denn sie wussten: Ein Mensch, der in Wahrheit lebt, ist wertvoller als tausend, die nach Ruhm streben.

Das Universum selbst zeigt uns dieses Prinzip. Die hellsten Sterne sind nicht immer die größten, sondern jene, die am klarsten strahlen. Ein kleiner Fluss, der seinen Lauf treu folgt, kann mehr Leben schenken als ein stilles Meer. Allah verleiht Ehre, wo sie verdient ist – und wer in Aufrichtigkeit wandelt, wird von Ihm erhoben.

Al-Mu‘izz – Der Ehrenvolle – erinnert uns daran, dass wahre Ehre nicht von Menschen kommt, sondern von Allah. Wer nach Wahrheit lebt, wer seine Werte nicht aufgibt, der wird in einer Weise geehrt, die weit über das Irdische hinausgeht. Denn wahre Größe liegt nicht im Besitz, sondern in der Reinheit des Herzens.

25 - Al-Mudhill – Der Entehrende

Ein Tyrann herrschte mit harter Hand, doch sein Herz war leer. Als er fiel, wandten sich alle von ihm ab, und sein Name wurde vergessen. Allah nimmt Ehre von jenen, die andere unterdrücken.

Es gibt Herrscher, die glauben, sie könnten ihre Macht ewig festhalten. Sie nehmen, ohne zu geben, sie herrschen mit Härte und vergessen, dass nichts auf dieser Welt von Dauer ist. Doch Allah ist der wahre Richter – Er gibt Ehre, und Er nimmt sie wieder, wenn sie missbraucht wird.

Ich erinnere mich an Geschichten großer Herrscher, die einst gefürchtet wurden und doch in Vergessenheit gerieten. Ihre Paläste verfielen, ihre Namen wurden aus den Chroniken getilgt. Denn Allah lässt nicht zu, dass Unrecht ewig Bestand hat. Wer seine Macht für Ungerechtigkeit nutzt, wird schließlich fallen.

Das Universum zeigt uns dieses Prinzip. Ein hoher Berg kann einstürzen, ein mächtiger Sturm kann abflauen, ein Stern kann erlöschen. Nichts bleibt für immer in seiner Höhe, wenn es nicht von Güte und Wahrheit getragen wird.

Al-Mudhill – Der Entehrende – lehrt uns, dass niemand unantastbar ist. Wer sich über andere erhebt, um sie zu unterdrücken, wird fallen. Denn wahre Größe besteht nicht in Herrschaft, sondern in Gerechtigkeit, und wer glaubt, ohne Allahs Gnade bestehen zu können, wird erfahren, dass alle Macht in Seiner Hand liegt.

26 - As-Sami' – Der Allhörende

Eine Frau betete in tiefer Verzweiflung. Niemand hörte sie – außer Allah. Und als sich ihr Leben wandelte, erkannte sie, dass Allah jedes Flehen erhört.

Wie oft haben wir das Gefühl, nicht gehört zu werden? In Zeiten der Not, wenn wir unser Herz ausschütten, wenn die Welt um uns herum laut ist, doch niemand zuhört. Doch Allah hört jedes Wort, sogar die Gedanken, die wir nicht auszusprechen wagen.

Ich erinnere mich an Momente in meinem Leben, in denen ich dachte, meine Gebete blieben unbeantwortet. Doch mit der Zeit erkannte ich: Allah hört immer – und Er antwortet, wenn der richtige

Zeitpunkt gekommen ist. Manchmal auf unerwartete Weise, manchmal durch eine Tür, die sich erst viel später öffnet. Doch nie bleibt ein aufrichtiges Flehen ungehört.

Das Universum trägt dieses Prinzip in sich. Der Wind trägt die Stimme der Natur, selbst wenn niemand lauscht. Das Wasser spricht in Wellen, auch wenn keiner es hört. Die Sterne senden ihr Licht durch die Dunkelheit, selbst wenn es Jahrtausende braucht, bis es ein Auge erreicht. Alles wird wahrgenommen, nichts vergeht ohne Bedeutung.

As-Sami' – Der Allhörende – erinnert uns daran, dass wir niemals allein sind. Jeder Ruf, jedes Gebet, jedes Wort, das aus aufrichtigem Herzen kommt, wird gehört. Und wer dies verinnerlicht, wird wissen, dass er nie umsonst spricht, wenn er sich an Allah wendet.

27 - Al-Basir – Der Allsehende

Ein Mann dachte, seine Taten blieben verborgen. Doch als er alt wurde und auf sein Leben zurückblickte, erkannte er, dass Allah immer zugesehen hatte. Jede Tat war niedergeschrieben.

Viele glauben, dass sie tun können, was sie wollen, solange niemand es sieht. Doch nichts entgeht Allahs Blick. Jede Handlung, sei sie gut oder schlecht, wird von Ihm wahrgenommen. Die Welt mag vergessen, Menschen mögen übersehen, doch Allah sieht alles.

Ich erinnere mich an eine Zeit, in der ich glaubte, dass manche Dinge keine Konsequenzen hätten. Doch später erkannte ich, dass jede Entscheidung, jedes Wort, jede Tat Spuren hinterlässt – in unseren Herzen, in den Leben anderer und in der Schöpfung selbst. Und Allah, der Allsehende, nimmt alles wahr.

Das Universum selbst spiegelt dieses Prinzip wider. Ein Stern mag vergehen, doch sein Licht reist weiter, über Jahrtausende hinweg. Eine Tat mag klein erscheinen, doch ihre Wirkung kann sich über Generationen entfalten. Nichts bleibt ungesehen, nichts vergeht ohne Bedeutung.

Al-Basir – Der Allsehende – erinnert uns daran, dass wir in jedem Moment bewusst handeln sollten. Wer weiß, dass Allah alles sieht, wird ehrlicher, gerechter und mitfühlender leben. Denn am Ende zählt nicht, was die Menschen sehen – sondern was Allah weiß.

28 - Al-Hakam – Der Gerechte Richter

Zwei Männer stritten um ein Stück Land. Ein weiser Richter hörte beide Seiten und sprach das Urteil, das niemand erwartet hatte, aber jeder akzeptierte. Denn wahre Gerechtigkeit kommt von Allah.

In der Welt gibt es unzählige Meinungen, Interessen und Konflikte. Menschen kämpfen um Besitz, um

Macht, um Anerkennung. Doch wahre Gerechtigkeit liegt nicht in menschlichen Urteilen, sondern in Allahs Weisheit, die alles durchdringt.

Ich erinnere mich an einen Moment, in dem ich ungerecht behandelt wurde. Ich wollte meine eigene Gerechtigkeit erzwingen, doch mit der Zeit erkannte ich: Allah ist der wahre Richter. Seine Urteile sind nicht von Emotionen oder Vorurteilen beeinflusst. Er sieht, was verborgen bleibt, und richtet nach Wahrheit und Weisheit.

Das Universum selbst zeigt uns dieses Prinzip. Die Natur kennt keine Parteilichkeit – die Sonne scheint auf alle, der Regen fällt ohne Ausnahme. Das Gleichgewicht der Schöpfung folgt den Gesetzen Allahs, und jedes Lebewesen erhält, was ihm zusteht.

Al-Hakam – Der Gerechte Richter – erinnert uns daran, dass wir Geduld haben sollen, wenn wir auf Gerechtigkeit warten. Menschen können fehlbar sein, doch Allahs Urteil ist vollkommen. Wer auf Ihn vertraut, wird erfahren, dass Seine Gerechtigkeit immer siegt, selbst wenn es zunächst nicht sichtbar scheint.

29 - Al-Adl – Der Gerechte

Ein Mädchen wurde ungerecht behandelt, doch sie hielt an ihrem Glauben fest. Jahre später fand sie Gerechtigkeit, als Allah ihr eine Stellung gab, in der sie selbst anderen helfen konnte.

Manchmal scheint es, als würde die Ungerechtigkeit in der Welt überwiegen. Menschen werden verletzt, betrogen oder vergessen. Doch Allah ist der Gerechte – nichts entgeht Seinem Wissen, und Er stellt alles ins Gleichgewicht, oft auf eine Weise, die wir erst später verstehen.

Ich erinnere mich an Zeiten, in denen ich mich gefragt habe, warum Unrecht geschieht. Doch mit der Zeit erkannte ich: Jeder bekommt das, was ihm zusteht, und manchmal ist der beste Lohn nicht materieller Reichtum, sondern die Möglichkeit, selbst Gerechtigkeit weiterzugeben.

Das Universum trägt dieses Prinzip in sich. Ein gefällter Baum gibt Platz für neues Leben, ein Sturm reinigt die Luft, Flüsse bahnen sich immer den Weg zum Meer. Alles sucht seinen Ausgleich, denn Gerechtigkeit ist ein Grundprinzip der Schöpfung.

So wie das Universum in stetiger Bewegung ist und sich stets selbst ausbalanciert, gleicht Allah jedes Unrecht aus und bringt Gerechtigkeit in die Welt. Sterne, die vergehen, hinterlassen Staub, aus dem neue Welten entstehen. Galaxien formen sich aus Chaos, weil Allah die Ordnung in alles bringt. Diese göttliche Gerechtigkeit ist nicht nur eine weltliche, sondern eine himmlische, die über alles Irdische hinausgeht.

Al-Adl – Der Gerechte – erinnert uns daran, dass Allahs Gerechtigkeit allumfassend ist. Auch wenn wir nicht immer sofort sehen, wie sie wirkt, können wir sicher sein: Kein Unrecht bleibt ungesühnt, und kein gutes Werk bleibt unbelohnt. Wer an Allahs Gerechtigkeit glaubt, wird lernen, mit Geduld auf den wahren Ausgleich zu warten. Denn Allahs Liebe ist die Kraft, die das Universum in Einklang hält – sie ist es, die am Ende alles heilt und in die Ordnung zurückführt.

30 - Al-Latif – Der Feinfühlige

Ein Mann wanderte durch einen dunklen Wald, verloren und ängstlich. Die Nacht umgab ihn mit ihrer erdrückenden Stille, der Wind raunte ihm Unheilvolles zu. Doch plötzlich fiel ein Sonnenstrahl durch die dichten Blätter, als hätte eine unsichtbare Hand den Himmel geöffnet. Der Lichtschein fiel genau auf den schmalen Pfad vor ihm, den er zuvor nicht gesehen hatte. In diesem Moment spürte er eine Wärme, eine liebevolle Umarmung, die ihn sanft führte. Allahs Fürsorge ist oft verborgen, doch sie ist immer da.

Es gibt Zeiten, in denen wir das Gefühl haben, allein zu sein. Momente, in denen wir durch Dunkelheit wandern, ohne einen Ausweg zu erkennen. Doch Allah ist der Feinfühlige – Seine Liebe zeigt sich nicht immer in großen Wundern, sondern oft in den kleinen, leisen Zeichen, die uns den Weg weisen.

Ich erinnere mich an eine Phase in meinem Leben, in der ich von Zweifeln geplagt war. Ich suchte nach Antworten, doch fand nur Stille. Dann, eines Morgens, als ich auf einer Wiese saß, spürte ich den sanften Hauch des Windes auf meiner Haut. Ich hörte das Flüstern der Blätter, das Lied der Vögel. Und in diesem Moment wusste ich: Ich war nie allein gewesen. Allahs Liebe war immer da, verborgen in den Details der Schöpfung, in den stillen Zeichen des Universums.

Das Universum selbst trägt diese Feinfühligkeit in sich. Ein zarter Windstoß kann das Gleichgewicht eines Ökosystems bewahren, ein Regentropfen kann eine Pflanze zum Leben erwecken, eine Sternschnuppe kann eine Seele zum Staunen bringen. Allahs Liebe ist in allem – in der Wärme der Sonne, in der Kühle des Mondlichts, im sanften Rauschen der Gezeiten.

Al-Latif – Der Feinfühlige – erinnert uns daran, dass Allahs Liebe und Fürsorge uns stets umgeben. Wir müssen nur lernen, die leisen Zeichen zu erkennen, die Er uns sendet. Denn in jedem Sonnenstrahl, in jedem Hauch des Windes, in jedem Herzschlag spiegelt sich Seine göttliche Liebe wider, die das Universum durchdringt und uns mit zärtlicher Fürsorge umgibt.

31 - Al-Khabir – Der Allkundige

Ein junger Mann suchte seinen Lebensweg. Er versuchte vieles, doch nichts schien richtig. Er reiste, lernte, versuchte sich in verschiedenen Tätigkeiten, doch innerlich fühlte er sich leer. Erst als er innehielt und Allah um Führung bat, begannen sich die Wege zu öffnen. Was ihm einst als Zufall erschien, war in Wahrheit göttliche Führung.

Manchmal glauben wir, das Leben sei ein Labyrinth aus Entscheidungen, durch das wir uns ohne Orientierung bewegen. Doch Allah, der Allkundige, weiß um unseren Weg, noch bevor wir ihn beschreiten. Er kennt unsere Gedanken, unsere Ängste und Hoffnungen. Er sieht das große Ganze, während wir nur einzelne Puzzleteile erkennen.

Ich erinnere mich an eine Zeit, in der ich unsicher war. Ich stellte mir Fragen, suchte Antworten in Büchern, bei Menschen, in Erfahrungen. Doch die wahre Antwort fand ich erst in der Stille, im Gebet, in der Verbindung mit Allah. Es war, als würde sich ein Schleier lüften – ich erkannte, dass Allah mich die ganze Zeit geleitet hatte, durch Zeichen, durch Menschen, durch Ereignisse, die mich formten.

Das Universum ist erfüllt von Wissen, das über das Menschliche hinausgeht. Sterne folgen ihren Bahnen mit höchster Präzision, der Fluss kennt seinen Weg ins Meer, ein Vogel findet jedes Jahr zurück an denselben

Ort. Alles in der Schöpfung folgt einem höheren Wissen, das von Allah stammt.

Al-Khabir – Der Allkundige – erinnert uns daran, dass kein Wissen verborgenen bleibt, wenn wir uns Allah zuwenden. Unsere Wege sind nicht zufällig, unser Leben ist nicht ziellos. Wer auf Allah vertraut, wird erkennen, dass jede Erfahrung, jede Begegnung, jeder Moment Teil eines größeren Plans ist – eines Plans, den Allah mit Seiner unendlichen Weisheit lenkt.

32 - Al-Ghafur – Der Alles Vergebende

Ein Mann stand in der Dunkelheit der Nacht, geplagt von der Erinnerung an seine Verfehlungen. Er hatte Menschen enttäuscht, hatte Fehler gemacht, die ihm das Herz schwer machten. Doch als er aufblickte, sah er den endlosen Himmel voller Sterne. Er erinnerte sich daran, dass Allahs Vergebung grenzenlos ist, wie das Universum selbst. Er fiel auf die Knie, bat um Vergebung und spürte, wie eine Last von ihm fiel. Die Nacht wurde zu einem Neuanfang.

Vergebung ist eine der größten Gaben Allahs. Während Menschen oft lange brauchen, um zu vergeben, öffnet Allah Sein Herz für jeden, der bereut. Kein Fehler ist zu groß, keine Schuld zu schwer für Seine göttliche Liebe.

Ich erinnere mich an Momente, in denen ich an meinen eigenen Fehlern gezweifelt habe. Ich fragte mich, ob ich es verdiente, weiterzugehen, ob meine Vergangenheit mich für immer definieren würde.

Doch dann spürte ich die unermessliche Gnade Allahs.

Das Universum selbst ist ein Symbol Seiner Vergebung – Sterne vergehen und werden zu neuen Welten, ein verbrannter Wald kann wieder erblühen, der Regen wäscht die Erde rein. Galaxien stoßen zusammen, zerstören und formen dabei neue Strukturen, die größer und strahlender sind als zuvor. So ist auch Allahs Vergebung: Sie nimmt das Alte, das Zerbrochene, das Verlorene und erschafft daraus etwas Neues – etwas noch Schöneres.

Wenn wir in die Weite des Himmels blicken, sehen wir nicht nur vergangene Lichtquellen, sondern die Geschichte der Schöpfung selbst – eine Geschichte des Werdens, des Vergehens und des Wiederaufbaus. So wie das Universum sich ständig erneuert, erneuert auch Allah uns durch Seine Gnade. Es gibt keinen endgültigen Untergang, sondern immer eine neue Chance, eine neue Bahn, auf der wir uns bewegen können.

Al-Ghafur – Der Alles Vergebende – erinnert uns daran, dass keine Schuld ewig ist, wenn wir mit reinem Herzen um Vergebung bitten. Allahs Liebe ist größer als unsere Fehler, und jedes Bittgebet kann ein Neuanfang sein. Denn so wie das Universum unaufhörlich wächst und sich erneuert, so schenkt uns Allah immer wieder neue Chancen. Seine Vergebung ist wie das grenzenlose All – voller Möglichkeiten, voller neuer Sterne, die in unseren Herzen erstrahlen, wenn wir uns von der Dunkelheit der Vergangenheit lösen.

33 - Ash-Shakur – Der Dankbare

Ein armer Mann hatte kaum genug zu essen, doch er dankte Allah für jede Mahlzeit. Ein reicher Mann hatte unzählige Besitztümer, doch er fühlte sich leer. Eines Tages trafen sich beide, und der Reiche fragte: „Wie kannst du zufrieden sein mit so wenig?“ Der Arme lächelte und sagte: „Weil ich weiß, dass Allah jedes kleine Gute belohnt und ich nichts für selbstverständlich halte.“ In diesem Moment erkannte der Reiche, dass wahrer Reichtum in der Dankbarkeit lag.

Dankbarkeit ist eine Brücke zwischen dem Herzen und der göttlichen Liebe. Wer dankbar ist, sieht in jedem Moment ein Geschenk Allahs, sei es die Luft, die wir atmen, das Wasser, das uns erfrischt, oder die Menschen, die unser Leben bereichern.

Ich erinnere mich an einen Moment, in dem ich alles hinterfragte. Ich suchte nach etwas Größerem, einem Zeichen. Doch dann saß ich eines Tages unter dem Sternenhimmel, und plötzlich fiel es mir wie

Schuppen von den Augen: Die Sterne, die seit Äonen leuchten, das sanfte Pulsieren der Galaxien, das Gleichgewicht, das alles in sich trägt – alles war ein Ausdruck der göttlichen Großzügigkeit. Das Universum gibt unaufhörlich, ohne Gegenleistung zu erwarten, genauso wie Allah es erschaffen hat.

Das Universum ist ein Spiegel der Dankbarkeit: Die Sonne schenkt ihr Licht, ohne eine Erwiderung zu verlangen. Die Erde gibt uns Früchte, ohne zu werten, ob wir ihrer würdig sind. Die Wellen des Ozeans tragen unser Sein, ohne eine Gegenleistung zu erwarten. Alles in der Schöpfung existiert durch das Prinzip des Gebens und Empfangens – und in diesem göttlichen Kreislauf liegt die wahre Bedeutung der Dankbarkeit.

Ash-Shakur – Der Dankbare – erinnert uns daran, dass wahre Zufriedenheit nicht aus Besitztümern entsteht, sondern aus dem Erkennen der unzähligen Gaben Allahs. Wer das Universum betrachtet, erkennt, dass jede Sekunde ein Geschenk ist, jedes Detail ein Zeichen der Liebe. Und wer dankbar ist, verbindet sich mit dieser göttlichen Harmonie, die alles durchdringt und mit ihrer unendlichen Kraft belebt.

34 - Al-Aliyy – Der Erhabene

Ein Bergsteiger erklomm die höchsten Gipfel, doch je höher er stieg, desto demütiger wurde er. Dort oben, in der Stille des Himmels, fühlte er sich klein vor der Größe Allahs. „Wahrer Aufstieg“, dachte er, „liegt nicht in Höhen, sondern in der Nähe zu Allah.“

Im unermesslichen Universum gibt es Gipfel, die jenseits unserer Vorstellungskraft liegen – Berge auf fernen Planeten, Gasriesen, die unsere Erde verschlingen könnten, und Sterne, deren Leuchten Äonen durch das All reist.

Doch all diese gewaltigen Strukturen sind nur winzige Staubkörner in der unendlichen Schöpfung Allahs. Was der Mensch als hoch betrachtet, ist vor Allah unbedeutend. Wahre Größe liegt nicht im Erklimmen von Gipfeln oder im Streben nach weltlichem Erfolg, sondern in der Erkenntnis der eigenen Kleinheit vor der göttlichen Majestät.

Ich erinnere mich an eine Zeit, in der ich glaubte, der höchste Erfolg liege darin, immer weiter aufzusteigen – in Wissen, in Errungenschaften, in weltlicher Anerkennung. Doch je weiter ich kam, desto mehr erkannte ich, dass der wahre Aufstieg in der Seele geschieht. Der höchste Gipfel, den wir erreichen können, ist nicht aus Stein und Eis, sondern aus Licht und Demut geformt. Das Universum selbst zeigt uns dieses Prinzip: Sterne sterben, Galaxien verschmelzen, doch die Ordnung Allahs bleibt bestehen.

Wenn wir den Nachthimmel betrachten, sehen wir nicht nur ferne Welten, sondern das ewige Zeugnis Seiner Erhabenheit. Al-Aliyy – Der Erhabene – lehrt uns, dass wahre Größe nicht in der physischen Höhe liegt, sondern in der Nähe zu Allah. Denn so wie das Universum in unendlichen Weiten existiert, erhebt sich die Seele durch ihre Hingabe an die göttliche Liebe über alles Irdische hinaus. Der höchste Punkt, den wir je erreichen können, ist nicht in den Sternen verborgen – er liegt in unseren Herzen, wenn wir Allahs Erhabenheit erkennen.

35 - Al-Kabir – Der Unermesslich Große

Ein König ließ einen prächtigen Palast bauen und dachte, er sei der Größte. Die Mauern aus reinem Marmor funkelten im Sonnenlicht, die Türme ragten bis in den Himmel. Doch als er eines Nachts in die Wüste ritt und den unendlichen Nachthimmel betrachtete, erfasste ihn eine tiefe Demut. Vor ihm spannte sich das Firmament mit unzähligen Sternen,

Galaxien, die seit Jahrmillionen existierten, weit größer als alles, was Menschenhände jemals erbaut hatten.

Er fühlte sich klein, seine Paläste und Schätze bedeutungslos vor der Unermesslichkeit der Schöpfung. Er sank von seinem Pferd, fiel auf die Knie und erkannte: Allah ist der Einzige, der wirklich groß ist, der alles umfasst und über allem steht. Seine Größe zeigt sich nicht in Stein und Gold, sondern in der unendlichen Weite des Universums, in der Ordnung der Sterne, in der Tiefe der Ozeane und in der göttlichen Liebe, die alles durchdringt.

Ich erinnere mich an einen Moment, in dem ich dachte, ich hätte etwas Großes erreicht. Doch dann blickte ich in den Himmel, sah eine Sternschnuppe verglühen und wusste: Alles Irdische vergeht, doch Allahs Majestät bleibt ewig. Das Universum selbst ist ein Zeichen Seiner unermesslichen Größe – eine Weite, die unser Verstand nicht fassen kann, eine Existenz, die über unsere Wahrnehmung hinausgeht.

Al-Kabir – Der Unermesslich Große – lehrt uns, dass wahrer Reichtum nicht in weltlicher Größe liegt, sondern in der Erkenntnis Allahs. Wer das Universum betrachtet, wer die Ordnung der Schöpfung begreift, der versteht: Die wahre Größe liegt nicht in Macht, sondern in der Demut vor dem, was Allah erschaffen hat. Denn so wie das Universum grenzenlos erscheint, so ist auch Seine Liebe grenzenlos – und in dieser Liebe liegt die wahre Erhabenheit.

36 - Al-Hafiz – Der Bewahrende

Ein Vater führte sein Kind durch eine gefährliche Schlucht. Die Felsen ragten hoch auf, der Weg war schmal und von Abgründen gesäumt. Das Kind konnte kaum sehen, wohin es trat, doch es spürte die warme, sichere Hand seines Vaters. Jeder Schritt war ein Vertrauensakt. Die Angst wich der Geborgenheit, denn es wusste, dass sein Vater es niemals loslassen würde.

Jahre vergingen, und das Kind wurde erwachsen. Eines Tages stand es auf einem Berg und blickte auf das Leben zurück. Da erkannte es, dass nicht nur sein Vater es einst geführt hatte – Allah selbst hatte seine

Hand gehalten, unsichtbar, aber stets schützend. In Momenten der Verzweiflung, in Zeiten der Unsicherheit hatte Allah ihn bewahrt, hatte Hindernisse aus dem Weg geräumt oder ihm die Kraft gegeben, sie zu überwinden.

Das Universum selbst ist ein Zeugnis für Allahs Bewahrung. Die Planeten kreisen in vollkommenem Gleichgewicht, der Wind trägt die Samen zu fruchtbaren Böden, selbst die kleinste Ameise findet ihre Nahrung. Überall zeigt sich Allahs schützende Hand, die das Leben erhält, bewahrt und lenkt.

Ich erinnere mich an eine Zeit, in der ich mich verloren fühlte, unsicher über meinen Weg. Doch jedes Mal, wenn ich dachte, es gäbe keinen Ausweg, öffnete sich eine Tür, oft auf eine Weise, die ich nie erwartet hätte. Nun weiß ich: Allah bewahrt uns in jedem Augenblick, selbst wenn wir es nicht sofort erkennen. Er hält unser Leben in Seinen Händen, so wie das Universum von Seiner göttlichen Ordnung zusammengehalten wird.

Al-Hafiz – Der Bewahrende – erinnert uns daran, dass wir nie allein sind. Allah beschützt uns, lenkt unsere Wege und hält uns fest, auch wenn wir es nicht immer sehen. So wie das Universum in seiner kosmischen Ordnung bewahrt wird, so bewahrt Allah unsere Seelen, unser Schicksal und unser Leben – mit Seiner unendlichen Liebe und Seiner unermesslichen Weisheit.

37 - Al-Muqit – Der Erhaltende

Eine alte Frau lebte allein in einem kleinen Haus. Ihre Hände waren schwach, ihre Kräfte schwanden mit den Jahren. Niemand kümmerte sich um sie, und doch fand sie jeden Tag etwas zu essen vor ihrer Tür. Mal war es ein Brot, das ein Nachbar vorbeibrachte, mal eine warme Suppe, die jemand ohne Namen hinterließ. Sie wusste nicht, wer es brachte, doch in ihrem Herzen erkannte sie: Es war Allah, der ihr gab, was sie brauchte.

Das Universum selbst erzählt die Geschichte von Al-Muqit. Jeder Stern erhält sein Licht, jede Pflanze ihr Wasser, jedes Wesen seine Nahrung. Der Wind trägt den Samen über weite Distanzen, bis er fruchtbaren Boden findet. Der Regen fällt an den entlegensten Orten, damit selbst in der Wüste Leben gedeihen kann. Kein Geschöpf wird vergessen, keine Seele wird übersehen. So, wie das Universum seine Ordnung wahrt, so sorgt Allah für alle Seine Geschöpfe – sichtbar oder unsichtbar, bewusst oder unbewusst.

Ich erinnere mich an Momente, in denen ich nicht wusste, wie es weitergehen sollte. Zeiten, in denen die Last des Lebens schwer auf meinen Schultern lag. Doch immer, wenn ich dachte, dass es keinen Ausweg gibt, kam Hilfe – sei es durch eine unerwartete Begegnung, eine Lösung, die sich plötzlich auftat, oder durch eine Kraft, die mir half, weiterzugehen. Nun weiß ich: Allah sorgt für uns, auf Wegen, die wir nicht immer verstehen, aber die immer voller Weisheit sind.

Al-Muqit – Der Erhaltende – lehrt uns, dass wir niemals vergessen werden. So wie das Universum mit unermesslicher Präzision funktioniert, so arbeitet auch Allahs Fürsorge in unserem Leben – leise, stetig, zuverlässig. Jedes Herz schlägt nach Seinem Willen, jede Seele erhält, was sie braucht. Und wer auf Allah vertraut, wird erkennen, dass es keinen Mangel gibt – nur das unendliche Geben der göttlichen Liebe, die alles durchdringt.

38 - Al-Hasib – Der Abrechnende

Ein Kaufmann betrog seine Kunden und wurde reich. Er häufte Gold an, baute ein großes Geschäft, während er auf den Rücken anderer trat. Sein Reichtum wuchs, doch mit den Jahren begannen seine Hände zu zittern, sein Herz wurde schwer. Sein Schlaf wurde unruhig, und in der Stille der Nacht hörte er eine innere Stimme: „Jeder wird für seine Taten zur Rechenschaft gezogen."

Eines Tages begegnete er einem alten Gelehrten, der ihm sagte: „Das Universum ist im Gleichgewicht, so wie Allah es erschaffen hat. Jede Handlung, sei sie gut oder schlecht, hinterlässt Spuren in dieser Ordnung. Wer nimmt, ohne zu geben, wird irgendwann den Preis zahlen."

Diese Worte ließen ihn nicht mehr los. Er begann, über seine Vergangenheit nachzudenken, über die Menschen, die er betrogen hatte. Schließlich traf er eine Entscheidung: Er suchte jeden auf, den er geschädigt hatte, gab das Geld zurück und bat um Vergebung. Manche verziehen ihm, andere nicht – doch in seinem Herzen fühlte er zum ersten Mal eine Leichtigkeit, die er nie gekannt hatte.

Das Universum kennt kein Vergessen. Sterne explodieren und erschaffen neue Welten, Planeten kreisen in präziser Ordnung, nichts bleibt ohne Wirkung. So wie die Natur ihre eigene Gerechtigkeit wahrt, so wahrt Allah die Gerechtigkeit für jeden Einzelnen. Jeder Atemzug, jede Tat wird verzeichnet – nichts geht verloren, nichts bleibt ohne Konsequenz.

Ich erinnere mich an Zeiten, in denen ich glaubte, dass gewisse Taten unbemerkt bleiben. Doch mit der Zeit erkannte ich: Das Universum speichert alles. Das Licht eines Sterns mag Millionen Jahre brauchen, um uns zu erreichen, doch es vergeht nicht. So ist es auch mit unseren Taten. Allah ist Al-Hasib, der Abrechnende – nichts entgeht Seiner Weisheit, und jeder Mensch wird einst vor Ihm stehen und für das, was er getan hat, Rechenschaft ablegen.

Doch in dieser Abrechnung liegt auch die Gnade. Wer sein Unrecht erkennt, wer auf Allahs Gerechtigkeit vertraut und seine Fehler wiedergutmacht, der findet Vergebung und Frieden. Denn das Universum selbst lehrt uns: Wo es Dunkelheit gibt, gibt es auch Licht. Wo Schuld existiert, gibt es auch die Möglichkeit der Läuterung. Und in dieser göttlichen Ordnung liegt die wahre Schönheit der Schöpfung.

39 - Al-Jalil – Der Erhabene

Ein Künstler versuchte, die Schönheit der Natur auf einer Leinwand festzuhalten. Er mischte Farben, setzte Pinselstriche voller Hingabe, doch egal, wie sehr er sich bemühte, er konnte die wahre Majestät der Schöpfung nicht einfangen. Der Glanz der Sterne, das Leuchten des Meeres, die Perfektion einer Blume – all das schien jenseits seiner Fähigkeiten zu liegen. Er seufzte, legte seinen Pinsel nieder und betrachtete das Universum über sich.

Da erkannte er: Allahs Erhabenheit kann nicht nachgeahmt werden, nur bestaunt. Seine göttliche Schöpfung ist vollkommener, als es der Mensch jemals ausdrücken könnte. Jeder Farbton, jede Struktur, jedes Element der Natur ist mit einer Präzision erschaffen, die über unser Verständnis hinausgeht.

Das Universum selbst ist eine Leinwand der göttlichen Erhabenheit. Die Galaxien erstrecken sich in unfassbaren Weiten, Nebelgebilde formen Sterne aus Staub, und selbst in den kleinsten Zellen eines Lebewesens spiegelt sich eine Ordnung wider, die kein Zufall sein kann. Alles existiert in einem perfekten Gleichgewicht, in einer Harmonie, die kein menschlicher Geist je erfassen oder nachbilden kann.

Ich erinnere mich an einen Moment, in dem ich von der Schönheit der Welt überwältigt war. Ich stand an einem Bergsee, das Wasser war so klar, dass es den Himmel spiegelte. Es war, als würde sich das Universum selbst darin betrachten. In diesem Augenblick verstand ich: Die wahre Erhabenheit liegt nicht in dem, was wir erschaffen, sondern in dem, was Allah erschaffen hat.

Al-Jalil – Der Erhabene – erinnert uns daran, dass Allahs Majestät in allem gegenwärtig ist. In jedem Stern, der in der Dunkelheit leuchtet, in jedem Windhauch, der über die Erde streicht, in jeder Welle, die den Ozean bewegt. Wer das Universum betrachtet, sieht die Handschrift des Erhabenen – und in diesem Staunen liegt die größte Form der Anbetung.

40 - Al-Karim – Der Großzügige

Ein Mann ging durch sein Dorf und half jedem, der in Not war. Er gab sein letztes Brot weg, doch am nächsten Morgen fand er seinen Garten voller Früchte. Denn Allah gibt denen, die großzügig sind, mehr zurück, als sie je erwartet hätten.

Großzügigkeit ist eine der erhabensten Eigenschaften, die das Universum widerspiegelt. Die Sonne gibt ihr Licht ohne Zurückhaltung, die Erde schenkt ihre Früchte, ohne eine Gegenleistung zu erwarten, und der Regen fällt auf alle, unabhängig davon, wer ihn verdient. So zeigt Allah Seine Großzügigkeit, indem Er das Leben in jeder Form erhält und unermüdlich gibt.

Ich erinnere mich an einen Moment, in dem ich das wenigste hatte, doch in meinem Herzen verspürte ich den Drang zu teilen. Als ich es tat, kehrte das Gute auf eine Weise zu mir zurück, die ich nie erwartet hätte. Allahs Großzügigkeit ist nicht nur materiell, sie erfüllt die Seele mit Frieden und bringt Licht in die Dunkelheit des Lebens.

Das Universum selbst ist ein Ausdruck dieser göttlichen Eigenschaft. Sterne entstehen aus der Asche vergangener Sonnen, Wasser verdunstet und kehrt als lebensspendender Regen zurück, und selbst der kleinste Samen kann zu einem mächtigen Baum heranwachsen, der wiederum Schatten und Nahrung spendet. Wer gibt, ohne Berechnung, wird von Allah mit etwas weitaus Größerem beschenkt.

Al-Karim – Der Großzügige – erinnert uns daran, dass wahre Fülle nicht im Besitz liegt, sondern im Geben. Wer gibt, öffnet sein Herz für Allahs Segen, denn das Universum selbst lebt nach diesem göttlichen Prinzip. Alles, was wir haben, ist letztlich eine Gabe des Allmächtigen, und in der Hingabe an andere spiegelt sich Seine grenzenlose Liebe wider.

41 - Ar-Raqib – Der Wachsame

Ein Junge spielte allein am Fluss, weit weg von zu Hause. Das Wasser glitzerte in der Sonne, sanfte Wellen bewegten sich im Wind. In seinem kindlichen Leichtsinn wagte er sich zu weit hinaus, bis er plötzlich den Halt verlor und von der Strömung mitgerissen wurde. Panik ergriff ihn, sein Körper wurde schwer, das Wasser verschluckte ihn.

Gerade als er dachte, dass es keinen Ausweg mehr gäbe, spürte er eine unsichtbare Kraft, die ihn an Land zog. Als er seine Augen öffnete und schwer atmend im Sand lag, wusste er: Allah hatte über ihn gewacht.

Das Universum selbst zeugt von Allahs Wachsamkeit. Die Bahnen der Planeten verlaufen in vollkommener

Ordnung, jedes Lebewesen erhält, was es braucht, zur rechten Zeit. Kein Stern verglüht ohne Wissen Allahs, kein Sandkorn bewegt sich ohne Seine Erlaubnis. Die Schöpfung ist erfüllt von Seiner göttlichen Aufsicht, und nichts geschieht außerhalb Seiner Weisheit.

Ich erinnere mich an Momente, in denen ich mich verloren fühlte, als hätte mich das Leben wie eine wilde Strömung mitgerissen. Doch jedes Mal, wenn ich glaubte, mich nicht mehr halten zu können, kam Hilfe – manchmal durch eine unerwartete Begegnung, manchmal durch eine Erkenntnis, die mein Herz beruhigte. Nun weiß ich: Allah ist immer da, wachsam und sorgsam, niemals schläft oder vergisst Er uns.

Ar-Raqib – Der Wachsame – erinnert uns daran, dass wir niemals unbeachtet sind. Allah sieht, hört und weiß alles. Sein Schutz umgibt uns, auch wenn wir ihn nicht immer sofort erkennen. So wie das Universum in unaufhörlicher Präzision funktioniert, so wacht Allah über jede Seele, über jeden Moment, über jeden Atemzug. Sein wachsamer Blick ist nicht von Strenge, sondern von Liebe erfüllt – einer Liebe, die uns trägt, die uns bewahrt und die uns leitet, wohin wir auch gehen.

42 - Al-Mujib – Der Erhörer der Gebete

Eine Frau betete jahrelang um ein Kind. Sie verlor nie den Glauben, auch wenn die Ärzte ihr sagten, dass es unmöglich sei. Eines Tages hielt sie ihr Neugeborenes in den Armen und wusste: Allah hatte ihre Gebete erhört.

Gebete sind wie Wellen, die durch das Universum reisen. Sie verschwinden nicht, sondern finden ihren Weg durch die unendliche Weite, bis Allah sie erhört. Manchmal geschieht es sofort, manchmal erst nach vielen Jahren – aber kein aufrichtiges Bittgebet geht verloren.

Das Universum selbst spiegelt diese Wahrheit wider. Ein Funksignal, das von der Erde gesendet wird, reist unaufhaltsam durch die Weiten des Alls, selbst wenn es für das menschliche Auge unsichtbar ist. Sterne, deren Licht wir heute sehen, haben ihre Strahlen vor

Millionen von Jahren ausgesandt. So ist es auch mit unseren Gebeten: Sie verschwinden nicht, sondern existieren weiter, bis Allah entscheidet, wann und wie sie beantwortet werden.

Ich erinnere mich an eine Zeit, in der ich mit ganzem Herzen um eine Veränderung in meinem Leben bat. Es schien, als würde mein Flehen verhallen, als würde keine Antwort kommen. Doch Jahre später geschah genau das, worum ich gebetet hatte – und ich erkannte, dass Allah mein Gebet nicht vergessen hatte, sondern es im perfekten Moment erhörte.

Al-Mujib – Der Erhörer der Gebete – lehrt uns, dass keine Bitte ungehört bleibt. Wer aufrichtig ruft, wird eine Antwort erhalten, wenn die Zeit reif ist. So wie das Universum mit Geduld seine Kreisläufe vollzieht, so wird jedes Gebet seinen Platz in Allahs Plan finden – nicht immer sofort, aber immer im perfekten Moment.

43 - Al-Wasi' – Der Allumfassende

Ein Mann versuchte, die Grenzen des Universums zu verstehen. Er studierte die Sterne, die Weite des Kosmos, suchte nach Antworten in Büchern und Formeln. Doch je mehr er erkannte, desto mehr wurde ihm bewusst: Alles Wissen, das der Mensch erlangt, ist nur ein winziger Tropfen in einem unendlichen Ozean.

Er stand auf einem Berggipfel und blickte hinauf in den Sternenhimmel. Das Licht der Sterne, das Millionen Jahre brauchte, um ihn zu erreichen, war nur ein schwacher Abglanz der wahren Größe Allahs. Die Weite des Universums schien grenzenlos – und doch wusste er: Allahs Wissen, Seine Barmherzigkeit und Seine Macht sind noch grenzenloser.

Das Universum selbst spiegelt diese Wahrheit wider. Galaxien entstehen und vergehen, doch das göttliche Prinzip der Schöpfung bleibt bestehen. Die kleinsten Teilchen im Atom folgen Seinem Befehl, genauso wie die gewaltigen Sterne, die in der Ferne explodieren. Alles ist in Seiner Umarmung, in Seiner allumfassenden Weisheit.

Ich erinnere mich an eine Zeit, in der ich glaubte, die Welt mit meinem Verstand begreifen zu können. Doch je mehr ich lernte, desto mehr erkannte ich, wie wenig ich wusste. Dann wurde mir klar: Allahs Größe liegt nicht nur in Seiner Macht, sondern in Seiner Allgegenwart. Sein Wissen umfasst jedes Geheimnis des Universums, jedes Herz, jeden Gedanken, jede Sehnsucht.

Al-Wasi' – Der Allumfassende – lehrt uns, dass nichts außerhalb von Allahs Wissen und Barmherzigkeit liegt. So wie das Universum keine Grenzen kennt, so ist auch Seine Liebe unendlich. Wer auf Ihn vertraut, ist stets geborgen, denn es gibt keinen Ort, keine Zeit und keinen Zustand, in dem Seine Gegenwart nicht existiert.

44 - Al-Hakim – Der Allweise

Ein junger Mann verlor seinen Job und war verzweifelt. Er hatte sein Leben durchgeplant, glaubte zu wissen, was das Beste für ihn war. Doch plötzlich schien all seine Mühe umsonst gewesen zu sein. Fragen quälten ihn: Warum hatte Allah ihn in diese Lage gebracht? Warum wurde ihm genommen, woran er so hart gearbeitet hatte?

Verzweifelt suchte er nach einer neuen Aufgabe, nach einem Sinn. Wochen vergingen, Monate, und dann – durch eine zufällige Begegnung – entdeckte er eine neue Berufung. Es war nicht der Weg, den er sich vorgestellt hatte, doch mit jedem Tag spürte er mehr Erfüllung, mehr Freude, mehr Sinn. Jahre später erkannte er: Allahs Weisheit führt uns oft durch Umwege zum wahren Glück.

Das Universum selbst erzählt diese Geschichte immer wieder. Sterne sterben, nur um neue Welten zu erschaffen. Galaxien kollidieren, doch aus dieser scheinbaren Zerstörung entstehen größere, strahlendere Systeme. Ein Samen muss unter der Erde vergehen, bevor er als mächtiger Baum in den Himmel ragt. Die Weisheit Allahs liegt darin, dass Er den gesamten Plan kennt, während wir nur einen kleinen Teil davon sehen.

Ich erinnere mich an Zeiten, in denen ich dachte, ich hätte den falschen Weg eingeschlagen. Doch nun, wenn ich zurückblicke, erkenne ich, dass jeder Moment, jede Prüfung, jedes verlorene und gewonnene Stück meines Lebens ein Puzzleteil in einem größeren Bild war. Allahs Weisheit ist wie das Universum – unermesslich, oft unergründlich, aber stets vollkommen.

Al-Hakim – Der Allweise – lehrt uns, dass alles seinen Sinn hat, auch wenn wir ihn nicht sofort verstehen. So wie das Universum in göttlicher Präzision funktioniert, so ist auch unser Leben geführt von einer Weisheit, die größer ist als unser Verstand erfassen kann. Wer auf Allah vertraut, vertraut auf den vollkommenen Plan, in dem jedes Ereignis einen Platz hat und jede Prüfung einen höheren Zweck erfüllt.

45 - Al-Wadud – Der Liebevolle

Ein Waisenkind fühlte sich verlassen und einsam. Die Welt erschien ihm kalt, ohne einen Ort, an dem es wirklich hingehörte. Doch immer wieder begegnete es Menschen, die ihm ein Lächeln schenkten, die es in ihre Arme nahmen und ihm Geborgenheit gaben. Eine alte Frau brachte ihm warmes Brot, ein Fremder gab ihm einen Mantel an einem kalten Tag, ein Lehrer zeigte ihm Geduld und Verständnis.

Zuerst dachte das Kind, es sei Zufall. Doch als es älter wurde, erkannte es: Diese Liebe war kein Zufall. Sie war das Geschenk Allahs, das sich durch die Herzen Seiner Schöpfung offenbarte. Jede liebevolle Tat, jedes gütige Wort, jede helfende Hand war ein Zeichen der göttlichen Liebe, die durch die Welt floss.

Das Universum selbst erzählt die Geschichte von Al-Wadud. Die Sterne leuchten, um die Dunkelheit zu erhellen. Die Natur schenkt ihre Schönheit, ohne eine Gegenleistung zu erwarten. Jeder Atemzug, den wir nehmen, ist ein Geschenk des Lebens, das Allah aus reiner Liebe geschaffen hat.

Ich erinnere mich an Momente, in denen ich dachte, ich sei allein. Doch jedes Mal, wenn ich mich in der Dunkelheit verlor, sandte mir Allah ein Licht – sei es in Form eines Menschen, eines unerwarteten

Lächelns oder eines Moments des Friedens. Nun weiß ich: Seine Liebe ist überall, in allem, was existiert. Sie durchdringt das Universum, verbindet alle Geschöpfe miteinander und erinnert uns daran, dass niemand jemals wirklich allein ist.

Al-Wadud – Der Liebevolle – lehrt uns, dass Allahs Liebe allgegenwärtig ist. Sie zeigt sich in den kleinsten Gesten, in den größten Wundern, in der unendlichen Weite des Universums. Wer liebt, spiegelt einen Teil dieser göttlichen Liebe wider, und wer sie erkennt, versteht, dass das Universum selbst aus Liebe erschaffen wurde.

46 - Al-Majid – Der Glorreiche

Ein alter Mann stand am Meer und betrachtete den Sonnenaufgang. Das Licht spiegelte sich auf den Wellen, und er spürte eine tiefe Ehrfurcht. Er erkannte: Allahs Herrlichkeit zeigt sich in jeder Schönheit dieser Welt.

Doch als er in den Himmel blickte, wurde ihm bewusst: Diese Schönheit reicht weiter, als das Auge sehen kann. Die Sonne, die nun golden über dem Horizont emporstieg, war nur ein winziger Teil der unendlichen Schöpfung Allahs. Jenseits des Meeres, jenseits der Wolken, jenseits der Sterne erstreckt sich ein Universum, das unermüdlich Seinen Ruhm verkündet.

Jeder leuchtende Stern, jede Galaxie, jeder verborgene Nebel ist ein Zeichen Seiner unermesslichen Majestät. Die kosmische Ordnung folgt Seinem Willen, und selbst in den kleinsten Details spiegelt sich Seine Größe wider.

Ich erinnere mich an einen Moment, in dem ich unter dem Sternenhimmel stand und das Universum betrachtete. Die funkelnden Punkte am Firmament waren mehr als nur Licht – sie waren Botschafter göttlicher Herrlichkeit. In diesem Moment verstand ich: Allahs Ruhm ist nicht nur in der gewaltigen Weite des Kosmos zu finden, sondern auch in der Stille einer Welle, die sanft ans Ufer schlägt.

Al-Majid – Der Glorreiche – erinnert uns daran, dass alles, was existiert, von Seinem Glanz erfüllt ist. Wer das Universum betrachtet, sieht die Handschrift Allahs, denn in jedem Lichtstrahl, in jedem Atemzug, in jeder Bewegung des Lebens liegt Seine unermessliche Herrlichkeit verborgen.

47 - Al-Ba'ith – Der Erwecker

Ein Mann hatte seine Hoffnung verloren. Er fühlte sich leer, als hätte das Leben ihm jede Freude genommen. Tage wurden zu Nächten, und Nächte zu langen, einsamen Stunden des Zweifelns. Er hatte vergessen, wie es war, zu träumen, zu glauben, zu hoffen.

Doch eines Tages, als er in der Morgendämmerung hinausging, spürte er eine Veränderung. Die Luft war frisch, die ersten Sonnenstrahlen brachen durch die Dunkelheit, und ein leiser Windhauch berührte sein Gesicht. Etwas in ihm erwachte – eine Kraft, die ihn aufrichtete, ein Funke, der sein Herz erneut zum Leuchten brachte.

Er erkannte: Allah erweckt nicht nur die Toten am Jüngsten Tag, sondern auch die Herzen, die gefallen sind. So wie der Frühling das Leben in eine scheinbar tote Landschaft zurückbringt, so bringt Allah Hoffnung in die Seelen, die sich verloren glauben.

Das Universum selbst ist voller Zeichen dieser Erweckung. Sterne, die in gewaltigen Explosionen vergehen, hinterlassen das Fundament für neues Leben. Ein vertrockneter Samen kann jahrzehntelang im Staub ruhen und doch, mit einem einzigen Tropfen Wasser, wieder zu blühen beginnen. Alles folgt einem göttlichen Zyklus von Tod und Wiedergeburt – nicht nur auf der Erde, sondern in der gesamten Schöpfung.

Ich erinnere mich an Zeiten, in denen ich dachte, mein Herz würde nie wieder Licht sehen. Doch Allah ließ mich erkennen, dass kein Schmerz ewig währt, keine Dunkelheit von Dauer ist. Jeder Stern, der im Universum verglüht, schenkt neues Licht an anderer Stelle. So ist auch unser Herz fähig, neu zu erwachen, wenn wir uns Seiner göttlichen Liebe anvertrauen.

Al-Ba'ith – Der Erwecker – erinnert uns daran, dass Allahs Macht nicht nur in der Auferstehung am Jüngsten Tag liegt, sondern in jedem Moment unseres Lebens. So wie das Universum in ständiger Erneuerung existiert, so können auch wir stets neu erwachen – mit der Kraft Seiner Liebe.

48 - Ash-Shahid – Der Allgegenwärtige Zeuge

Ein Händler betrog seine Kunden und dachte, niemand würde es bemerken. Er nahm mehr, als ihm zustand, gab weniger, als er versprach, und häufte Reichtum an, der auf Lügen gebaut war. Doch Jahre später, als er selbst betrogen wurde und sein Vermögen verlor, wurde er mit seinen eigenen Taten konfrontiert. Er erinnerte sich an die Worte eines Weisen: „Allah ist Zeuge über alles, was du tust."

Er blickte in den Himmel, sah die Unendlichkeit des Universums, die ewige Ordnung der Sterne, die nicht aus dem Gleichgewicht gerät. In diesem Moment erkannte er, dass nichts auf der Welt verborgen bleibt, dass jede Tat, jedes Wort und jeder Gedanke aufgezeichnet wird – so wie das Licht der Sterne seit Jahrmillionen durch das All reist und niemals wirklich vergeht.

Das Universum selbst ist ein Zeuge der göttlichen Wahrheit. Sterne senden ihr Licht aus, lange nachdem sie selbst verglüht sind. Jeder Klang, jedes Echo, jede Welle bleibt in der Unendlichkeit des Raumes bestehen. So ist es auch mit unseren Taten – sie verschwinden nicht, sondern hallen weiter in Allahs unermesslichem Wissen.

Ich erinnere mich an Zeiten, in denen ich dachte, dass meine Fehler unbemerkt blieben. Doch später verstand ich: Nichts bleibt verborgen. Jede Entscheidung, die wir treffen, formt nicht nur unser Leben, sondern auch das Universum um uns herum. Die göttliche Gerechtigkeit ist allgegenwärtig, nicht aus Strenge, sondern aus Liebe – denn Allah sieht, hört und weiß alles, nicht um uns zu strafen, sondern um uns den Weg zur Wahrheit zu weisen.

Ash-Shahid – Der Allgegenwärtige Zeuge – erinnert uns daran, dass kein Moment unbemerkt bleibt. Alles, was wir tun, ist Teil der göttlichen Ordnung. Wer das Universum betrachtet, sieht die ewige Wahrheit: Nichts vergeht spurlos, und alles wird in Allahs unendlicher Weisheit bewahrt.

49 - Al-Haqq – Die Absolute Wahrheit

Ein Gelehrter suchte sein Leben lang nach der Wahrheit. Er las unzählige Bücher, bereiste die Welt, studierte alte Texte und moderne Wissenschaften. Doch je mehr er wusste, desto mehr erkannte er, wie unvollständig sein Wissen war. Es schien, als würde sich die Wahrheit mit jeder Antwort weiter in die Ferne bewegen.

Eines Nachts stand er unter dem Sternenhimmel und betrachtete das endlose Universum. Er fragte sich: „Gibt es eine Wahrheit, die über allem steht, die unveränderlich ist?“ In diesem Moment erinnerte er sich an die Worte des Qur’ans: „Allah ist die einzig wahre Realität.“ Mit Tränen in den Augen erkannte er, dass die Wahrheit nicht in Theorien oder Zahlen verborgen lag, sondern in der göttlichen Ordnung, die alles durchdrang.

Das Universum selbst spricht von dieser Wahrheit. Sterne vergehen, doch ihr Licht bleibt bestehen. Materie verwandelt sich, doch die Gesetze, nach denen sie existiert, bleiben unverändert. In der größten Weite des Kosmos und in der kleinsten Zelle eines Lebewesens ist die göttliche Wahrheit gegenwärtig. Alles, was existiert, ist ein Zeichen dieser absoluten Realität.

Ich erinnere mich an eine Zeit, in der ich selbst nach Antworten suchte, in der ich dachte, Wahrheit ließe sich nur durch menschliches Wissen erfassen. Doch dann verstand ich: Allahs Wahrheit ist ewig, sie braucht keine Beweise, keine Rechtfertigung. Sie durchdringt das Universum, ist in jeder Schöpfung sichtbar, und nur wer sein Herz öffnet, kann sie wirklich erkennen.

Al-Haqq – Die Absolute Wahrheit – erinnert uns daran, dass es keine größere Realität gibt als Allah. Die Welt verändert sich, der Mensch vergisst, doch Allahs Wahrheit bleibt bestehen, wie die Sterne, die seit Anbeginn der Zeit leuchten. Wer die Zeichen in der Schöpfung betrachtet, erkennt, dass das Universum selbst die ewige Wahrheit widerspiegelt.

50 - Al-Wakil – Der Vertrauenswürdige

Ein Vater hatte nichts mehr, um seine Familie zu ernähren. Sein Geschäft war gescheitert, seine Ersparnisse aufgebraucht, und mit jedem Tag wuchs die Angst in seinem Herzen. In seiner Verzweiflung stand er in der Nacht unter dem weiten

Sternenhimmel und sprach: „Oh Allah, ich vertraue auf Dich. Führe mich den richtigen Weg.“

Am nächsten Morgen setzte er seine Arbeit fort, ohne zu wissen, wie sich seine Situation ändern könnte. Doch plötzlich öffnete sich ihm eine unerwartete Tür – ein Nachbar bot ihm eine Möglichkeit, die er zuvor nicht in Betracht gezogen hatte. Nach und nach wandelte sich seine Lage, und er erkannte: Wer Allah vertraut, wird nie im Stich gelassen.

Das Universum selbst ist ein Zeugnis dieses Vertrauens. Die Planeten folgen ihren Bahnen mit unerschütterlicher Beständigkeit, die Sonne geht jeden Morgen auf, die Jahreszeiten wechseln ohne Verzögerung. Alles im Kosmos gehorcht einem göttlichen Plan, geführt von Allahs perfekter Weisheit.

Ich erinnere mich an Zeiten, in denen ich an meinen Weg zweifelte. Doch jedes Mal, wenn ich mich Allah anvertraute, kam eine Antwort – nicht immer sofort, aber immer im richtigen Moment. Wer auf Allah vertraut, weiß, dass jede Prüfung eine Lektion ist, jeder Rückschlag eine neue Tür öffnen kann.

Al-Wakil – Der Vertrauenswürdige – erinnert uns daran, dass das Universum nicht chaotisch ist, sondern von Allahs weiser Hand gelenkt wird. Wer sich Seiner Führung überlässt, wird erkennen, dass jeder Schritt in seinem Leben eine Bedeutung hat. Denn Allah verlässt keinen, der sich mit aufrichtigem Herzen Seinem Willen anvertraut.

51 - Al-Qawiyy – Der Allmächtige

Ein Sturm tobte über das Land, entwurzelte Bäume, zerstörte Häuser. Die Winde rissen Dächer fort, der Regen prasselte nieder, Blitze zerschnitten den Himmel. Menschen suchten Schutz, während die Natur ihre unbändige Kraft offenbarte. Doch als sich die Wolken lichteten, stand eine leuchtende Blume unversehrt mitten im Chaos. Ein alter Mann zeigte auf sie und sagte: „Seht, wahre Stärke liegt nicht in der Gewalt des Sturms, sondern in dem, der ihn beherrscht."

Allahs Macht ist grenzenlos. Er lenkt die Stürme des Universums ebenso wie die feinste Bewegung eines Blütenblatts. Kein Stern vergeht ohne Sein Wissen, keine Welle bricht ohne Seinen Willen. Seine Stärke ist nicht nur in den gewaltigen Naturkräften sichtbar, sondern auch in der Beständigkeit und Sanftheit Seiner Schöpfung.

Das Universum selbst ist ein Spiegel Seiner Allmacht. Schwarze Löcher verschlingen ganze Galaxien, Supernovae erschaffen neue Welten, und dennoch bleibt die Ordnung bestehen, getragen von göttlicher

Weisheit. Jede Kraft im Kosmos folgt Seinem Gesetz, und nichts geschieht außerhalb Seines Willens.

Ich erinnere mich an Zeiten, in denen ich mich machtlos fühlte, als ob das Leben mich hinwegfegen könnte wie ein Blatt im Wind. Doch dann erkannte ich: Wer sich auf Allah verlässt, steht fester als jede Mauer. Seine Stärke ist nicht zerstörerisch, sondern bewahrend, nicht willkürlich, sondern weise.

Al-Qawiyy – Der Allmächtige – erinnert uns daran, dass wahre Kraft nicht in Gewalt, sondern in göttlicher Beständigkeit liegt. Das Universum gehorcht Seinem Willen, und wer in Ihm Zuflucht sucht, wird selbst im größten Sturm unerschütterlich stehen.

52 - Al-Matin – Der Standhafte

Ein Felsblock stand seit Jahrhunderten an einer Klippe. Wind, Regen und Zeit hatten ihn umspült, der Ozean schlug unaufhörlich gegen ihn. Doch trotz all dieser Kräfte blieb er unerschütterlich, verwurzelt in der Erde, als wäre er eins mit ihr. Ein Wanderer betrachtete ihn und erkannte: „Wer auf Allah vertraut, bleibt standhaft, egal wie stark die Wellen des Lebens gegen ihn schlagen.“

Das Universum selbst ist ein Symbol dieser Standhaftigkeit. Sterne entstehen und vergehen, Planeten trotzen den Stürmen des Kosmos, und dennoch bleibt die göttliche Ordnung unverändert. In der scheinbaren Bewegungslosigkeit eines Berges oder der Ruhe eines tiefen Ozeans zeigt sich die unermessliche Kraft Allahs, die alles trägt.

Auch in meinem eigenen Leben gab es Zeiten, in denen ich dem Sturm ausgesetzt war. Ich fühlte mich von Prüfungen hin- und hergerissen, als ob nichts mehr Bestand hätte. Doch in diesen Momenten erinnerte ich mich an die Wahrheit von Al-Matin – Der Standhafte. Wer sich an Allah hält, wird nicht fallen, egal wie sehr das Leben ihn erschüttert.

So wie das Universum seinen festen Gesetzen folgt, so führt uns Allahs Beständigkeit durch jede Prüfung.

Die Schöpfung mag sich wandeln, doch ihre Grundordnung bleibt bestehen. Genauso ist es mit dem Glauben – er mag geprüft werden, doch wenn er tief verwurzelt ist, bleibt er standhaft, egal wie sehr die Winde des Schicksals ihn umtosen. Und so wie der Fels den Sturm überdauert, so wird auch die Seele, die auf Allah vertraut, niemals brechen.

53 - Al-Waliyy – Der Schutzherr

Ein Junge lief allein durch einen dunklen Wald, sein Herz schlug schnell. Die Schatten der Bäume wirkten bedrohlich, der Wind flüsterte durch die Blätter, und jedes Geräusch ließ ihn zusammenzucken. Er fühlte sich klein und verloren, die Angst legte sich wie ein schwerer Mantel um ihn.

Doch dann erinnerte er sich an das Gebet, das seine Mutter ihm beigebracht hatte. Mit zitternder Stimme sprach er es aus, seine Hände fest ineinandergelegt. Plötzlich spürte er eine unsichtbare Wärme um sich, eine Ruhe, die sein Herz durchströmte. Der Wald wirkte nicht mehr so bedrohlich, der Wind schien ihn sanft zu leiten. Schritt für Schritt fand er den Weg nach Hause.

„Allah war mein Schutz“, sagte er voller Dankbarkeit, als er sicher in die Arme seiner Familie fiel.

So wie der Junge sich behütet fühlte, ist auch das Universum von göttlicher Fürsorge umgeben. Planeten bewegen sich in präziser Harmonie, Sterne leuchten in der Dunkelheit, und selbst die kleinsten Lebewesen sind mit dem versorgt, was sie zum Leben brauchen. Überall zeigt sich Allahs Schutz, selbst in den unerwartetsten Momenten.

Ich erinnere mich an Zeiten, in denen ich mich verloren fühlte, als hätte ich keinen Halt. Doch in diesen Momenten gab mir Allah Zeichen – sei es durch Menschen, die mich führten, oder durch eine innere Stimme, die mich stärkte. Al-Waliyy – Der Schutzherr – erinnert uns daran, dass wir niemals allein sind. Wie das Universum in Seiner Ordnung bewahrt wird, so hält Allah auch unsere Wege sicher in Seiner Hand.

54 - Al-Hamid – Der Lobenswerte

Ein König erwartete Lob von seinen Untertanen für seine Taten. Er errichtete prächtige Paläste, beschenkte das Volk und glaubte, dass seine Größe ihm Ruhm und Anerkennung sichern würde. Doch als nach langer Dürre endlich Regen fiel, sammelten sich die Menschen nicht vor seinem Palast, um ihm zu danken – sie wandten sich in Gebeten an Allah.

Der König beobachtete, wie Bauern auf den Feldern ihre Hände erhoben und mit Tränen in den Augen sagten: „Gepriesen sei Allah, der den Regen sendet, der das Land fruchtbar macht und das Leben erhält.“

Er spürte ein Stechen in seinem Herzen, denn er erkannte: „Wahrer Ruhm gehört nur Allah, denn alles, was ist, stammt von Ihm.“

Das Universum selbst verkündet dieses Lob. Die Sterne leuchten in majestätischer Pracht, die Ozeane breiten sich grenzenlos aus, und jedes Geschöpf – ob sichtbar oder verborgen – preist seinen Schöpfer. Kein Mensch kann den Himmel mit eigenen Händen erschaffen, kein König kann den Lauf der Gestirne bestimmen. Alles folgt dem göttlichen Willen, und die Schöpfung singt ein ewiges Lied des Lobes.

Ich erinnere mich an Momente, in denen ich Ruhm oder Anerkennung suchte. Doch immer wieder wurde ich daran erinnert, dass wahre Größe in der Demut vor Allah liegt. Denn kein menschlicher Erfolg besteht für die Ewigkeit – doch das Lob Allahs hallt durch die Weiten des Universums, von der Geburt der Sterne bis zur letzten Welle, die an das Ufer schlägt.

Al-Hamid – Der Lobenswerte – lehrt uns, dass alles, was wir besitzen, ein Geschenk Allahs ist. Wer Ihn preist, erkennt die Wahrheit: Kein Ruhm auf Erden kann den Ruhm Allahs übertreffen, denn Sein Lob ist in die Struktur des Universums selbst eingewoben.

55 - Al-Muhsi – Der Alles Berechnende

Ein Händler versuchte, seinen Reichtum zu zählen. Jede Münze, jedes Stück Gold und Silber wurde sorgsam erfasst. Doch je mehr er besaß, desto leerer fühlte er sich. Nacht für Nacht saß er in seinem dunklen Zimmer und überprüfte seine Bücher, aus

Angst, etwas zu verlieren. Doch in seiner Rastlosigkeit fand er keinen Frieden.

Eines Tages begegnete er einem alten, weisen Mann, der ihn fragte: „Was nützt dir dein Zählen, wenn dein Herz leer bleibt?“ Der Händler sah ihn verwundert an. „Ich muss meinen Besitz verwalten, ich muss wissen, was mir gehört!“

Der Weise lächelte und deutete auf die Wüste. „Siehst du den Sand? Allah kennt jedes einzelne Korn. Siehst du die Bäume? Allah weiß, wann jedes Blatt fällt. Und du? Du zählst Münzen und glaubst, Kontrolle zu haben. Doch Allah zählt nicht nur, Er berechnet alles – mit Weisheit, mit Gerechtigkeit, mit Liebe.“

Der Händler senkte beschämt den Blick. Zum ersten Mal wurde ihm bewusst, dass sein Streben nach Zahlen ihn von der wahren Berechnung des Lebens entfernte. Denn Allahs Berechnung kennt nicht nur materielle Dinge, sondern auch die Gedanken, die Gefühle, die Gebete eines jeden Geschöpfes. Alles, was existiert, ist in Seinem Wissen bewahrt.

Das Universum selbst folgt dieser göttlichen Berechnung. Jede Bewegung eines Planeten, jede Bahn eines Sterns ist genauestens festgelegt. Kein Sandkorn wird vom Wind fortgetragen, ohne dass Allah es weiß. Keine Galaxie wandert durch das All, ohne dass sie Seinem Plan folgt.

Ich erinnere mich an Zeiten, in denen ich selbst versuchte, mein Leben nach Zahlen zu ordnen, nach Erfolg, nach Sicherheit. Doch dann erkannte ich: Wahre Berechnung liegt nicht in unseren Händen, sondern in der vollkommenen Weisheit Allahs. Wer darauf vertraut, erkennt, dass alles im Universum nach Seinem Willen geschieht – und dass darin der größte Frieden liegt.

Al-Muhsi – Der Alles Berechnende – erinnert uns daran, dass nichts verloren geht, nichts ungesehen bleibt und nichts ohne Bedeutung ist. Alles folgt einem göttlichen Plan, ob sichtbar oder verborgen, und in dieser Wahrheit liegt das Fundament unserer Existenz.

56 - Al-Mubdi – Der Erschaffende

In einer dürren Landschaft, wo der Boden rissig war und kein Leben zu sein schien, geschah eines Tages ein Wunder. Mitten im Nichts spross ein einzelner grüner Baum aus dem trockenen Erdreich. Seine Blätter schimmerten im Sonnenlicht, seine Wurzeln gruben sich tief in die scheinbar leblose Erde. Die Menschen, die vorbeizogen, staunten und fragten sich: „Wer hat dies erschaffen? Wie kann hier Leben entstehen, wo nichts war?“

Ein Gelehrter, der diese Szene beobachtete, lächelte und sprach: „Allah bringt Leben hervor, wo keines zu sein scheint. So wie Er das Universum aus dem Nichts erschaffen hat, so kann Er selbst dort Schöpfung wirken, wo der Mensch nur Leere sieht.“

Das Universum selbst ist ein lebendiges Zeugnis dieses Namens. Vor Milliarden von Jahren existierte keine Zeit, kein Raum, keine Materie – doch aus Seinem göttlichen Befehl entstand alles, was ist. Sterne formten sich aus Dunkelheit, Galaxien breiteten sich aus, und aus Staub wurde Leben geformt. Allah ist Al-Mubdi, der Erschaffende, der aus dem Unsichtbaren das Sichtbare hervorbringt.

Ich erinnere mich an Momente in meinem Leben, in denen alles hoffnungslos schien. Zeiten, in denen es keinen sichtbaren Ausweg gab, keine Zukunft, keine Hoffnung. Doch dann, so wie der Baum in der Wüste, schenkte mir Allah neue Wege, neue Chancen, neue Schöpfung in meinem Herzen. Was vorher leer war, füllte sich mit Leben.

Al-Mubdi – Der Erschaffende – lehrt uns, dass nichts unmöglich ist. So wie das Universum aus dem Nichts geboren wurde, so kann Allah in jedem Moment Neues in unserem Leben erschaffen. Wer auf Ihn vertraut, wird erkennen, dass in jeder scheinbaren Leere bereits die Möglichkeit neuen Lebens liegt.

57 - Al-Mu‘id – Der Wiedererweckende

Ein alter Mann glaubte, seine beste Zeit sei vorbei. Seine Hände waren müde, sein Geist von den Jahren schwer, und die Träume seiner Jugend schienen nur noch ferne Erinnerungen zu sein. Er saß oft in der

Stille und fragte sich, ob sein Leben noch einen Sinn hatte.

Doch eines Tages begegnete er einem jungen Kind, das ihm mit leuchtenden Augen eine Frage stellte: „Erzählst du mir eine Geschichte?“ Der alte Mann lächelte, und während er sprach, fühlte er etwas in sich erwachen. Eine Wärme breitete sich in seinem Herzen aus, eine vergessene Kraft. Er erkannte: „Allah gibt nicht nur den Toten neues Leben, sondern auch jenen, die ihre Hoffnung verloren haben.“

Das Universum selbst ist Zeuge dieser göttlichen Wiederbelebung. Sterne vergehen in gewaltigen Explosionen, doch aus ihrer Asche entstehen neue Welten. Pflanzen, die im Winter sterben, erwachen im Frühling zu neuem Leben. Kein Verfall ist endgültig, keine Dunkelheit für immer – denn Allah bringt das Verlorene zurück, erneuert das Erschöpfte und haucht jedem Sein eine neue Bestimmung ein.

Ich erinnere mich an Zeiten, in denen ich glaubte, dass gewisse Träume für immer begraben seien. Doch Allah, Al-Mu‘id, zeigte mir, dass alles, was verloren scheint, in Seinem Willen wieder erwachen kann. Ob es eine vergessene Leidenschaft ist, eine zweite Chance im Leben oder das Licht am Ende einer dunklen Zeit – Er bringt alles zurück, wenn die Zeit reif ist.

Al-Mu‘id – Der Wiedererweckende – lehrt uns, dass kein Moment verschwendet ist und keine Seele für immer verloren geht. Alles im Universum folgt Seinem Zyklus des Lebens, des Sterbens und der Wiederkehr. Wer auf Ihn vertraut, wird erkennen, dass hinter jedem Ende ein neuer Anfang wartet.

58 - Al-Muhyi – Der Lebensspender

Ein Kind wurde krank geboren, die Ärzte hatten keine Hoffnung. Sie sprachen von Grenzen der Medizin, von Wahrscheinlichkeiten, von Dingen, die der Mensch nicht beeinflussen konnte. Doch seine Mutter betete jede Nacht, mit unerschütterlichem Glauben und Vertrauen auf Allahs Barmherzigkeit.

Die Zeit verging, und das Kind wuchs entgegen aller Erwartungen heran. Jahre später lief der Junge lachend über die Felder, das Sonnenlicht spiegelte sich in seinen Augen, und die Welt lag ihm offen. Die Mutter betrachtete ihn mit Tränen in den Augen und sprach: „Allah allein gibt das Leben."

Das Universum selbst ist ein ewiger Beweis für Allahs lebensspendende Kraft. Sterne werden aus Staub geboren, Planeten entstehen aus Chaos, und selbst in den tiefsten Tiefen der Meere gedeihen Wesen, die nie ein Mensch gesehen hat. Überall, wo wir hinschauen, sehen wir Zeichen der göttlichen Lebenskraft, die alles durchdringt.

Ich erinnere mich an Momente in meinem Leben, in denen ich dachte, dass etwas verloren sei – Träume, Chancen, Beziehungen. Doch Allah, Al-Muhyi, hat mir gezeigt, dass Er das Leben nicht nur schenkt, sondern es auch erneuert. Ein Same, der in der Erde ruht, mag tot erscheinen, doch mit Wasser und Licht erwacht er zu neuer Blüte. So ist es auch mit unseren Seelen.

Al-Muhyi – Der Lebensspender – lehrt uns, dass Leben nicht nur bedeutet, zu atmen, sondern zu wachsen, sich zu entfalten und die göttliche Liebe in jeder Schöpfung zu erkennen. Wer auf Allah vertraut, wird sehen, dass selbst aus der tiefsten Dunkelheit neues Leben erblühen kann.

59 - Al-Mumit – Der Lebensnehmer

Ein reicher Mann fürchtete den Tod. Er sammelte Besitztümer, ließ sich von Ärzten beraten und umgab sich mit allem, was ihn jung erhalten sollte. Doch tief in seinem Herzen spürte er eine unaufhaltsame Wahrheit – keine Macht der Welt konnte ihn vor dem Ende bewahren.

Eines Tages begegnete er einem alten Gelehrten. Der Weise sah ihn an und fragte: „Hast du das Leben genutzt, um Gutes zu tun?“ Der Mann schwieg, denn sein Herz kannte die Antwort. Er hatte Reichtum angehäuft, doch hatte er je wirklich gelebt? War sein

Leben erfüllt gewesen oder nur eine Sammlung von Dingen, die er einst zurücklassen würde?

Der alte Mann sprach weiter: „Fürchte nicht den Tod, sondern ein Leben ohne Sinn. Denn Allah, der das Leben nimmt, hat es dir einst gegeben. Und so, wie Er die Sterne am Himmel erlöschen lässt, nur um aus ihrer Asche neue Welten zu erschaffen, so nimmt Er uns nur, um uns in Seinem ewigen Licht wieder aufleben zu lassen.“

Das Universum selbst lehrt uns diese Wahrheit. Sterne vergehen, doch ihr Licht reist durch die Weiten der

Schöpfung. Galaxien sterben, doch in ihrem Zerfall liegt der Ursprung neuer Welten. Nichts vergeht ohne Grund, nichts endet ohne eine tiefere Bestimmung. Allah nimmt das Leben nicht aus Grausamkeit, sondern um den ewigen Zyklus Seiner Schöpfung zu vollenden.

Ich erinnere mich an Momente, in denen ich Angst vor dem Ungewissen hatte. Doch dann verstand ich: Der Tod ist nicht das Ende, sondern der Übergang in eine neue Dimension Seiner Barmherzigkeit. Al-Mumit – Der Lebensnehmer – erinnert uns daran, dass nichts im Universum wirklich vergeht. Jeder Atemzug, jedes Lebewesen, jedes Sternenlicht hat seine Zeit, und in allem, was vergeht, liegt der Same für neues Leben.

60 - Al-Hayy – Der Ewig Lebendige

Ein Kind saß mit seinem Großvater im Garten und betrachtete die Sterne. „Warum sterben Menschen?“ fragte das Kind. Der Großvater lächelte, zeigte in den Himmel und sagte: „Wir alle kommen und gehen, so wie die Blumen blühen und verwelken. Doch Allah war schon immer da und wird immer sein. Er ist das wahre Leben.“

Der Junge blickte nachdenklich auf die funkelnden Sterne. „Aber auch Sterne sterben, oder?“ fragte er. Der Großvater nickte. „Ja, sie vergehen, doch ihr Licht reist weiter durch das Universum. Allah hat alles mit Seinem Leben erfüllt, nichts geht wirklich verloren. Er ist Al-Hayy, der Ewig Lebendige, und alles, was Er erschaffen hat, trägt Seine Lebenskraft in sich.“

Das Universum selbst ist ein Spiegel dieser ewigen Lebendigkeit. Galaxien entstehen, Planeten formen sich, und selbst wenn eine Welt vergeht, kehrt ihre Essenz in neuer Form zurück. Jedes Lebewesen trägt den Funken des göttlichen Lebens in sich, und dieser Funke erlischt nicht, sondern kehrt zu Allah zurück, dem Ursprung allen Seins.

Ich erinnere mich an Zeiten, in denen ich mich fragte, was nach dem Leben kommt. Doch die Natur, das Universum, und mein eigener Glaube gaben mir die Antwort: Allah ist das wahre Leben. Alles, was existiert, fließt aus Ihm hervor, und alles kehrt zu Ihm zurück. Al-Hayy – Der Ewig Lebendige – erinnert uns daran, dass unsere Zeit auf dieser Welt ein Teil eines viel größeren, ewigen Plans ist. Das Leben mag vergänglich erscheinen, doch in Allahs Hand ist es unendlich.

61 - Al-Qayyum – Der Selbstbestehende

Ein Wanderer durchquerte die Wüste und kam an einen weisen alten Mann, der in der Nacht in den Himmel blickte. „Was hält das Universum zusammen?“ fragte der Wanderer.

Der Weise zeigte auf die Sterne und sagte: „Sie bewegen sich nicht aus eigener Kraft. Die Planeten kreisen, die Sonnen brennen, doch nichts geschieht ohne den Willen Allahs. Er ist es, der alles erhält, ohne selbst von etwas abhängig zu sein."

Der Wanderer staunte. „Aber alles braucht doch eine Stütze, etwas, das es hält."

„Ja", sagte der Weise. „Die Bäume brauchen die Erde, die Wolken den Wind, die Flüsse das Tal. Doch Allah braucht nichts, um zu existieren. Er ist Al-Qayyum, der Selbstbestehende, der alles hält, während Er selbst von nichts gehalten wird."

Das Universum selbst zeugt von diesem göttlichen Prinzip. Während alles in Bewegung ist, ist Allah derjenige, der alles zusammenhält. Die Bahnen der Planeten sind exakt berechnet, die Ordnung der Sterne bleibt bestehen, weil Allah sie erhält. Nichts geschieht aus Zufall, nichts existiert ohne Seinen Willen.

Ich erinnere mich an Zeiten, in denen ich mich fragte, worauf ich mich wirklich verlassen konnte. Menschen kommen und gehen, Dinge verändern sich, doch Allah bleibt. Er ist das Fundament der Existenz, der Haltepunkt des Universums und das ewige Licht, das niemals vergeht.

Al-Qayyum – Der Selbstbestehende – erinnert uns daran, dass alles vergänglich ist, außer Allah. Er existiert aus sich selbst heraus, während alles andere von Ihm abhängt. Wer sich an Ihn klammert, wird niemals ins Nichts stürzen, denn Allah hält nicht nur das Universum zusammen, sondern auch unsere Herzen.

62 - Al-Wajid – Der Allfindende

Ein Mann suchte sein Leben lang nach Wahrheit. Er reiste über Meere und durch Wüsten, erklomm Berge und durchquerte Täler. Er las unzählige Bücher, sprach mit Weisen und Philosophen, doch in seinem Herzen blieb eine Leere. Je mehr er suchte, desto unerreichbarer schien die Wahrheit.

Eines Nachts, erschöpft von seiner endlosen Suche, ließ er sich in der Stille der Wüste nieder. Der Himmel über ihm war unendlich, die Sterne funkelten wie Zeichen, die er nie zuvor verstanden hatte. In der tiefen Dunkelheit, ohne Ablenkung, hob er seine Hände und betete. Zum ersten Mal in seinem Leben suchte er nicht mit seinem Verstand, sondern mit seinem Herzen.

Und in dieser Stille, in dieser absoluten Hingabe, spürte er die Antwort: Allah war die ganze Zeit bei ihm gewesen. Die Wahrheit war nicht in fernen Ländern oder verborgenen Schriften, sondern in der Tiefe seines Glaubens.

Das Universum ist voller Zeichen für jene, die suchen. Sterne leuchten in der Dunkelheit, nicht weil sie gesucht werden, sondern weil sie immer da sind. So ist es auch mit Allah. Wer Ihn sucht, wird Ihn nicht in der Ferne finden, sondern in sich selbst, in jedem Atemzug, in jeder Welle, die an das Ufer schlägt, in jeder Bewegung der Galaxien.

Ich erinnere mich an Momente in meinem Leben, in denen ich glaubte, weit gehen zu müssen, um Antworten zu finden. Doch dann erkannte ich: Allah war immer da. Er ist Al-Wajid – Der Allfindende, der uns niemals verlässt, sondern darauf wartet, dass wir Ihn erkennen. Und wer Ihn einmal gefunden hat, weiß, dass er niemals wirklich verloren war.

63 - Al-Majid – Der Glorreiche

Ein alter Seemann erzählte: „Ich habe die höchsten Wellen und die tiefsten Meere gesehen, habe Stürme überstanden und den unendlichen Ozean bereist. Doch nichts ist so erhaben wie der Himmel bei Sonnenaufgang, wenn das erste Licht die Dunkelheit vertreibt und das Meer in goldenes Glühen taucht."

Er stand an der Reling seines Schiffes, betrachtete die tanzenden Reflexionen auf dem Wasser und fuhr fort: „In diesen Momenten spüre ich die Herrlichkeit Allahs. Die Welt erwacht, das Licht kehrt zurück, und ich erkenne, dass Seine Majestät in allem gegenwärtig ist – in der Stille des Morgens, in der Weite des Himmels, in der Kraft der Gezeiten."

Das Universum selbst ist ein Beweis für Allahs unermessliche Herrlichkeit. Galaxien breiten sich aus wie ein leuchtendes Geflecht, pulsierende Sterne verkünden Seine Allmacht, und selbst in der kleinsten Blume spiegelt sich Seine göttliche Schönheit wider. Kein König auf Erden kann diese Größe je erreichen, kein Bauwerk der Menschen kann die Erhabenheit Seiner Schöpfung nachbilden.

Ich erinnere mich an Momente, in denen ich von Ehrfurcht erfüllt den Himmel betrachtete, an Nächte, in denen ich die Unendlichkeit des Universums spürte. In diesen Augenblicken wurde mir bewusst, dass Allahs Glorie nicht nur in der Größe des Kosmos liegt, sondern auch in den feinsten Details des Lebens. Al-Majid – Der Glorreiche – erinnert uns daran, dass die wahre Größe nicht in vergänglichem Ruhm liegt, sondern in der unermesslichen Erhabenheit Allahs, die sich in jedem Atemzug Seiner Schöpfung offenbart.

64 - Al-Wahid – Der Eine

Ein König besaß viele Reichtümer, ließ prächtige Paläste errichten und sammelte Schätze aus fernen Ländern. Doch trotz all seines Wohlstands spürte er eine Leere in seinem Herzen. Er suchte nach mehr – mehr Gold, mehr Macht, mehr Bewunderung – doch Zufriedenheit fand er nicht.

Eines Tages kam ein armer Mann zu ihm, einfach gekleidet, aber mit einem Licht in den Augen, das der König nicht verstand. Der arme Mann lächelte und sagte: „Oh König, du suchst dein Glück in vielen Dingen, doch wahres Glück liegt nur in dem Einen – Allah.“

Der König runzelte die Stirn. „Aber ich habe alles, was ein Mensch sich wünschen kann! Warum fühle ich mich dann leer?“

Der Mann nahm eine Handvoll Sand und ließ die Körner durch seine Finger rieseln. „Siehst du, diese

Körner sind zahlreich, doch keines von ihnen kann dir Beständigkeit schenken. Doch schau in den Himmel – nur eine Sonne erleuchtet die Welt, nur eine Quelle speist den Fluss. Und nur einer hält das Universum zusammen.“

Der König begann nachzudenken. Er sah auf seine Schätze, auf die Paläste, auf alles, was er angehäuft hatte – und erkannte, dass nichts davon ihm das geben konnte, was sein Herz suchte. In dieser Nacht blickte er zum Sternenhimmel, spürte die unendliche Weite des Universums und verstand: Allah ist der Eine, der Unveränderliche, der Ewige. Alles andere vergeht, doch Er bleibt.

Das Universum selbst verkündet diese Wahrheit. Alles folgt einer Ordnung, einem Ursprung, einer Quelle. Die Sterne mögen zahlreich sein, doch sie folgen einem einzigen Gesetz. Die Natur zeigt uns, dass Einheit der Schlüssel zu Harmonie ist – und dass Allah allein die Quelle aller Existenz ist.

Ich erinnere mich an Momente, in denen ich nach vielen Dingen suchte, in der Hoffnung, sie würden mir Frieden bringen. Doch erst als ich erkannte, dass nur Allah diese Leere füllen kann, fand ich wahre Zufriedenheit. Al-Wahid – Der Eine – lehrt uns, dass alles Vergängliche uns nicht erfüllen kann. Doch wer sich Allah zuwendet, wird in Seiner Einheit das wahre Glück finden.

65 - Al-Ahad – Der Unteilbare

Ein Kind blickte zum Himmel und fragte seinen Vater: „Wie viele Götter gibt es?“ Der Vater lächelte, nahm die Hand seines Kindes und zeigte auf die Sonne. „Siehst du die Sonne dort oben?“ fragte er. „Sie gibt Licht für die ganze Welt, doch niemand kann sie teilen. So wie ihr Strahlen nur von einer einzigen Quelle ausgeht, so ist auch Allah unteilbar.“

Das Kind blinzelte und überlegte. „Aber es gibt so viele Sterne! Warum gibt es nicht viele Götter?“

Der Vater lachte sanft. „Die Sterne sind viele, doch sie leuchten nur durch die eine Sonne, die ihnen einst ihr Licht schenkte. Und selbst das Universum mit all seinen Wundern wurde nur durch den Willen des Einen erschaffen. Allah ist Al-Ahad – der Unteilbare. Er braucht keine Helfer, keine Teile, keine Ergänzungen. Er ist vollkommen in Sich selbst.“

Das Universum selbst zeigt uns diese Wahrheit. Alles folgt einem einzigen Ursprung, einer Quelle, einem Gesetz. Die Natur wirkt in vollkommener Harmonie, weil sie auf der Einheit Allahs beruht. Die Sterne, die Planeten, das Licht und selbst die Zeit sind gebunden an Seine Ordnung – ohne Spaltung, ohne Widerspruch.

Ich erinnere mich an Momente in meinem Leben, in denen ich nach Erklärungen suchte, nach Zusammenhängen, die mich den Sinn der Dinge erkennen ließen. Doch als ich das Universum betrachtete, verstand ich: Die Einheit ist das Fundament von allem. Al-Ahad – Der Unteilbare – lehrt uns, dass Allah über alle Begrenzungen erhaben ist. Wer sich Ihm zuwendet, findet in Seiner Einheit die größte Kraft und den tiefsten Frieden.

66 - As-Samad – Der Absolute

in Durstiger wanderte durch die Wüste, seine Kehle trocken, seine Kräfte schwanden mit jedem Schritt. Er suchte verzweifelt nach Wasser, doch überall war nur Sand, eine endlose Weite der Leere. Die Sonne brannte gnadenlos, und die Hoffnung schwand.

Gerade als er aufgeben wollte, entdeckte er in der Ferne eine Quelle. Das Wasser sprudelte klar und kühl, ein lebensspendendes Geschenk inmitten der Einöde. Als er trank, fühlte er, wie neue Kraft durch seinen Körper strömte. Tränen liefen über sein Gesicht, als er erkannte: So wie diese Quelle die einzige Rettung für den Durstigen war, so ist Allah die einzige Quelle allen Seins. Zu Ihm kehrt alles zurück, von Ihm hängt alles ab.

Das Universum selbst ist ein Zeugnis dieser Wahrheit. Planeten kreisen um ihre Sonnen, Galaxien formen sich um unsichtbare Zentren, und jedes Geschöpf ist auf eine Quelle angewiesen, die es erhält. Doch während alles Existierende von etwas anderem abhängt, ist Allah der Einzige, der in Sich selbst vollkommen ist. Er ist As-Samad – der Absolute, der Beständige, derjenige, zu dem alles zurückkehrt.

Ich erinnere mich an Momente, in denen ich suchte – nach Antworten, nach Sicherheit, nach Wahrheit. Doch am Ende führte mich jede Suche zu Allah. Wer zu Ihm ruft, wird nicht ohne Antwort bleiben, denn Er ist die Quelle von allem, und nichts kann Ihn ersetzen. Al-Samad lehrt uns, dass wir in unserer tiefsten Not erkennen, wohin wir wirklich gehören – zu Allah, dem Ewigen, dem Unabhängigen, dem Absoluten.

67 - Al-Qadir – Der Allmächtige Bestimmer

Ein Mann wollte sein Schicksal selbst bestimmen. Er plante sein Leben bis ins kleinste Detail, arbeitete Tag und Nacht, um seinen Traum zu verwirklichen. Er glaubte, dass er allein durch seine Kraft und seinen Fleiß alles erreichen könne.

Doch eines Tages kam ein Sturm. Der Wind riss durch seine Felder, der Regen überschwemmte seine Ernte, und all seine harte Arbeit wurde in wenigen Stunden zunichtegemacht. Er stand fassungslos vor der Zerstörung, die er nicht hatte verhindern können. Seine Hände, die einst voll von Hoffnung waren, waren nun leer.

In seiner Verzweiflung suchte er einen Gelehrten auf und fragte: „Warum wurde mir all das genommen, obwohl ich so hart gearbeitet habe?“

Der Gelehrte blickte in den Himmel und sprach: „Du hast dein Schicksal in deinen Händen gewähnt, doch die Wahrheit ist: Alles geschieht nach Allahs Wille. So wie das Universum von Ihm gelenkt wird, so lenkt Er auch dein Leben. Der Mensch kann pflanzen, doch Allah allein lässt die Früchte gedeihen."

Der Mann begann nachzudenken. Er erinnerte sich an die Ordnung des Universums – an die Sterne, die ihren Bahnen folgen, an die Gezeiten, die durch unsichtbare Kräfte bestimmt werden. Alles geschah mit einer Präzision, die kein Mensch je erfassen konnte. In diesem Moment erkannte er, dass wahre

Macht nicht in Kontrolle lag, sondern im Vertrauen auf Allahs Willen.

Das Universum selbst ist ein Beweis für Allahs unendliche Macht. Kein Stern verlässt seine Umlaufbahn, keine Welle bricht ohne Seinen Befehl. Die gesamte Schöpfung folgt Seinem Dekret – und so auch das Leben eines jeden Menschen. Wer glaubt, er könne sein Schicksal allein bestimmen, täuscht sich. Doch wer sein Herz Allah anvertraut, wird erkennen, dass alles zu seinem Besten geschieht.

Ich erinnere mich an Zeiten, in denen ich Pläne schmiedete und glaubte, den Lauf der Dinge kontrollieren zu können. Doch jedes Mal, wenn etwas anders kam, erkannte ich: Es geschah nach Allahs Willen, und in Seinem Plan lag eine Weisheit, die ich nicht sofort verstand. Al-Qadir – Der Allmächtige Bestimmer – lehrt uns, dass wir nicht die Architekten unseres Schicksals sind, sondern Reisende auf einem Weg, den Allah für uns bestimmt hat. Wer auf Ihn vertraut, wird nie fehlgehen.

68 - Al-Muqtadir – Der Allmächtige Herrscher

Ein Tyrann herrschte mit eiserner Hand. Er glaubte, er könne über das Schicksal anderer bestimmen, Menschen nach seinem Willen lenken und sich selbst unsterblich machen. Sein Palast war von Gold, seine Armee unzählbar, sein Wort unangefochten. Doch trotz all seiner Macht fürchtete er eines – den Tod.

Eines Tages wurde er von einer schweren Krankheit befallen. Keine seiner Ärzte konnte ihn heilen, kein

Gold konnte ihm seine Gesundheit zurückkaufen. In seinen letzten Tagen, als er auf seinem riesigen Thron saß, doch zu schwach war, um sich zu erheben, erkannte er die Wahrheit: Er war nie wirklich mächtig gewesen.

„Wo ist nun meine Macht?“ flüsterte er. „Wo sind meine Heerscharen? Wer kann mich retten?“

Die Antwort lag in der Stille um ihn herum. Seine Macht war eine Illusion gewesen, seine Herrschaft vergänglich. In diesem Moment begriff er: Wahre Macht gehört nur Allah. Allah ist Al-Muqtadir – der

Allmächtige Herrscher, dessen Wille allein über Leben und Tod entscheidet, über Reiche und Welten.

Das Universum selbst ist ein Beweis für Seine absolute Herrschaft. Sonnen entstehen und vergehen nach Seinem Befehl, Welten werden erschaffen und wieder ausgelöscht. Kein Mensch, kein König, kein Herrscher kann Seiner Macht entkommen. Alles, was existiert, ist in Seiner Hand.

Ich erinnere mich an Momente, in denen ich glaubte, Kontrolle über mein Leben zu haben. Doch dann wurde mir klar, dass wir nur Gäste in dieser Welt sind, und dass die wahre Macht allein Allah gehört. Al-Muqtadir – Der Allmächtige Herrscher – lehrt uns Demut. Wer glaubt, er könne über alles bestimmen, täuscht sich. Doch wer sich Allahs Willen anvertraut, wird erkennen, dass in Seiner Macht auch Seine unendliche Weisheit liegt.

69 - Al-Muqaddim – Der Voranbringende

Ein Schüler saß nachts in seinem kleinen Zimmer, eine brennende Kerze auf seinem Tisch, während er über seinen Büchern gebeugt war. Er betete jeden Tag um Erfolg, arbeitete hart, opferte Schlaf und Bequemlichkeit, doch seine Fortschritte schienen langsam zu sein. Manchmal fragte er sich, ob seine Anstrengungen vergeblich waren.

Eines Tages wurde er zu einem wichtigen Treffen eingeladen. Dort traf er einen weisen Lehrer, der in ihm eine besondere Begabung erkannte. Ohne dass der Schüler es geahnt hatte, wurde ihm eine große

Möglichkeit eröffnet – eine Chance, die er nie erwartet hätte.

Er erkannte: Allah bringt voran, wen Er will, zur rechten Zeit. Manchmal scheint der Weg mühsam, manchmal glauben wir, dass nichts geschieht, doch Allah sieht unser Bemühen. So wie sich ein Samenkorn unter der Erde in der Dunkelheit entwickelt, bis es durchbricht und zu einem starken Baum heranwächst, so führt uns Allah zu dem Moment, in dem unser Licht sichtbar wird.

Das Universum folgt diesem göttlichen Gesetz. Sterne entstehen nicht plötzlich, sondern wachsen in Stille aus der unsichtbaren Kraft des Kosmos. Galaxien breiten sich aus nach einem Plan, den wir nicht vollständig begreifen können. So wie Allah den Lauf der Sterne lenkt, so lenkt Er auch unsere Wege.

Ich erinnere mich an Zeiten, in denen ich dachte, meine Bemühungen seien umsonst, dass meine Schritte ins Leere führten. Doch später erkannte ich: Jeder Moment war eine Vorbereitung, jeder Schritt wurde von Allah geleitet. Al-Muqaddim – Der Voranbringende – lehrt uns, dass Allah uns zum richtigen Zeitpunkt an den richtigen Ort bringt. Wir müssen nur Vertrauen haben und geduldig sein.

70 - Al-Mu'akhkhir – Der Hinauszögernde

Ein Mann fragte einen weisen Gelehrten: „Warum bekomme ich nicht, was ich mir wünsche? Ich bete, ich arbeite, ich sehne mich – doch meine Gebete scheinen unerhört zu bleiben."

Der Weise lächelte und zeigte auf den Himmel. „Siehst du die Sterne? Sie scheinen klein und weit entfernt, doch ihr Licht erreicht uns erst nach Jahren. Manche Sterne, die wir heute sehen, leuchteten bereits vor Jahrhunderten. So ist es auch mit den Gaben Allahs. Sie erreichen uns zum richtigen Zeitpunkt, nicht früher und nicht später."

Der Mann senkte den Kopf und überlegte. „Aber warum hält Allah manches zurück?"

Der Gelehrte nahm einen Samen in die Hand. „Wenn du diesen Samen in die Erde legst, erwartest du dann, dass er morgen ein Baum ist?“

„Natürlich nicht“, antwortete der Mann. „Er braucht Zeit zum Wachsen.“

„Genau so“, sprach der Weise, „gibt dir Allah nicht immer sofort, was du dir wünschst. Manchmal hält Er es zurück, um dich zu prüfen, manchmal, weil du noch nicht bereit bist. Und manchmal, weil Er etwas noch Größeres für dich vorbereitet.“

Das Universum folgt diesem göttlichen Prinzip. Eine Galaxie entsteht nicht in einem Augenblick, sondern wächst über Jahrmillionen. Sterne brauchen Zeit, um zu leuchten, und selbst der kleinste Fluss bahnt sich langsam seinen Weg durch das Gestein. So wie Allah das Universum nach Seinem Plan erschafft, so lenkt Er auch unser Leben mit unendlicher Weisheit.

Ich erinnere mich an Zeiten, in denen ich auf etwas wartete und nicht verstand, warum es nicht sofort geschah. Doch Jahre später erkannte ich, dass Allahs Timing vollkommen war. Al-Mu'akhkhir – Der Hinauszögernde – lehrt uns Geduld und Vertrauen. Alles geschieht genau dann, wenn es geschehen soll. Wir müssen nur lernen, auf Allahs Zeitplan zu vertrauen.

71 - Al-Awwal – Der Erste

Die Nacht war still, nur das leise Flüstern des Windes in der Wüste begleitete den Gelehrten, der unter dem unermesslichen Himmelszelt saß. Sein Blick war gen Himmel gerichtet, wo tausende Sterne funkelten. „Wo begann alles?“ fragte er sich. „Was war vor all dem, was wir sehen?“

Seine Gedanken wanderten durch die Geschichten der Propheten, durch die Offenbarungen und die unendlichen Zeichen Allahs. Er erinnerte sich an Adam (Friede sei mit ihm), den ersten Menschen, den Allah aus Ton erschuf, lange bevor die Menschen existierten. Adam war nicht der Erste aus sich selbst heraus – er war die Schöpfung des Einen, der schon immer existiert hatte.

Er dachte an den Propheten Nuh (Noah, Friede sei mit ihm), der das Volk warnte, als die Erde noch jung war. Der große Regen, die mächtige Flut – Zeichen der göttlichen Macht, doch auch ein Neuanfang, gelenkt von Al-Awwal, dem Ersten, der alles lenkt und ordnet.

Dann dachte er an den Propheten Ibrahim (Abraham, Friede sei mit ihm), der in seiner Jugend nach Allah suchte. Als er die Sterne betrachtete, dachte er zuerst, sie seien die höchste Macht. Doch als sie verschwanden, erkannte er: „Nicht sie sind es, die alles erschaffen, sondern Allah, der Erste, der Anfang allen Seins.“

Und schließlich dachte er an den geliebten Propheten Muhammad (Friede und Segen seien auf ihm), der in der Höhle von Hira saß, als die ersten Verse der göttlichen Offenbarung auf ihn herabgesandt wurden. „Lies, im Namen deines Herrn, der erschaffen hat!“ Es war nicht nur eine Offenbarung für ihn, sondern für die gesamte Menschheit – ein Ruf, die Wahrheit zu erkennen: Vor allem, vor der Zeit, vor dem Raum, war Allah.

Das Universum selbst zeugt von dieser Wahrheit. Wissenschaftler erforschen den Ursprung der Schöpfung, sprechen von einer gewaltigen Expansion, vom ersten Licht, das den Kosmos erfüllte. Doch was war davor? Die Antwort liegt nicht in Zahlen oder Formeln, sondern in der absoluten Wahrheit Allahs. Er war schon immer da, als noch nichts existierte. Er ist Al-Awwal – der Erste, der Anfang und die Ursache von allem.

Ich erinnere mich an Momente, in denen ich versuchte, die Tiefe dieser Wahrheit zu begreifen. Doch dann wurde mir klar: Allah ist jenseits dessen, was der menschliche Verstand fassen kann. Al-Awwal – Der Erste – lehrt uns, dass alles, was existiert, Seinen Ursprung in Allah hat. Wer Ihn erkennt, erkennt den wahren Anfang allen Seins.

72 - Al-Akhir – Der Letzte

Ein alter Mann saß auf einer Anhöhe und betrachtete den Sonnenuntergang. Die Welt, die er kannte, schien in goldenes Licht getaucht, doch er wusste, dass bald die Dunkelheit kommen würde. Sein Leben war wie dieser Tag – gefüllt mit Licht und Schatten, Höhen und Tiefen, Anfang und Ende.

„Alles vergeht“, dachte er, als er seine müden Hände betrachtete. Die Kraft, die einst in ihnen lag, war schwächer geworden. Seine Freunde waren gegangen, die Städte, die er kannte, hatten sich verändert. Wo einst fruchtbare Felder waren, wuchs nun karges Land. Er hatte vieles erlebt, doch eines hatte er verstanden: Am Ende bleibt nur Allah.

Er erinnerte sich an die Worte des Propheten Muhammad (Friede und Segen seien auf ihm): „Allah war, und es gab nichts außer Ihm. Und Er ist, nachdem alles vergeht."

Er dachte an Musa (Moses, Friede sei mit ihm), der das Volk Israel durch das Meer führte, nur um später zu erkennen, dass sein eigener Weg ebenfalls ein Ende fand. Und an Isa (Jesus, Friede sei mit ihm), der verkündete, dass das Diesseits vergänglich sei, doch dass Allah bleibt.

Er dachte an das Universum selbst. Die Sterne, die jetzt über ihm funkelten, würden eines Tages vergehen, die Erde würde zerfallen, die Himmel sich auflösen. Wissenschaftler sprachen von einem Ende der Zeit, von einem Moment, in dem alles aufhören würde zu existieren. Doch auch sie wussten: Das Ende ist nicht das Nichts – es ist die Rückkehr zu dem Einen, der immer war und immer sein wird.

„Alles kehrt zurück zu Allah", flüsterte er. „Er ist Al-Akhir – Der Letzte. Wenn nichts mehr ist, bleibt Er. Jedes Leben, jede Existenz findet ihren Weg zu Ihm zurück."

Ich erinnere mich an Momente, in denen ich Angst vor dem Ende hatte – sei es das Ende eines Kapitels in meinem Leben, das Ende einer Freundschaft oder gar das Ende meiner eigenen Zeit auf dieser Welt. Doch dann verstand ich: Das Ende ist nicht Verlust. Es ist Heimkehr. Al-Akhir – Der Letzte – lehrt uns, dass wir keine Angst vor dem Vergehen haben müssen, denn wir kehren zurück zu dem, der uns erschaffen hat.

73 - Az-Zahir – Der Offenkundige

Ein Kind lief über eine blühende Wiese und betrachtete die unzähligen Farben der Blumen. Es sah die Bäume, die sich sanft im Wind wiegten, den Himmel, der in unendlicher Weite über ihm lag, und die Sonne, die alles mit goldenem Licht erfüllte. Es drehte sich zu seinem Vater um und fragte: „Wer hat all das erschaffen?“

Der Vater lächelte und sagte: „Allahs Zeichen sind überall, sichtbar für jeden, der mit offenem Herzen schaut. Er ist Az-Zahir – der Offenkundige, der sich in allem zeigt, was existiert.“

Das Kind runzelte die Stirn. „Aber ich sehe Allah nicht."

Der Vater setzte sich neben ihn und zeigte auf den Wind, der durch die Bäume strich. „Siehst du den Wind?"

„Nein", sagte das Kind. „Aber ich kann ihn fühlen."

Der Vater nickte. „So ist es auch mit Allah. Wir sehen Ihn nicht mit unseren Augen, doch Seine Präsenz ist überall. Sein Licht erfüllt das Universum, Seine Schöpfung ist der Beweis für Seine Existenz."

Er erzählte dem Kind von den Propheten, die Allahs Zeichen erkannten. Musa (Moses, Friede sei mit ihm) stand am Berg Sinai, als Allah ihm das Wunder Seiner Rede offenbarte. Isa (Jesus, Friede sei mit ihm) heilte die Kranken mit der Erlaubnis Allahs und zeigte den Menschen, dass Seine Kraft nicht verborgen, sondern sichtbar war. Und der Prophet Muhammad (Friede und Segen seien auf ihm) empfing die Offenbarung, die bis heute das hellste Licht der Wahrheit bleibt.

Das Universum selbst ist der größte Beweis für Az-Zahir. Die Sterne, die Galaxien, die unermesslichen Weiten – all das spricht für Seine Macht und Seine Gegenwart. Wissenschaftler erforschen die Tiefen des Kosmos, doch je weiter sie blicken, desto größer wird das Wunder der Schöpfung. Alles ist verbunden, alles folgt einem Plan, der offen vor uns liegt, wenn wir nur bereit sind zu sehen.

Ich erinnere mich an Momente, in denen ich mich fragte, wo Allah sei. Dann schaute ich in den Himmel, spürte die Wärme der Sonne auf meiner Haut, hörte das Rauschen des Windes und verstand: Er ist überall. Al-Zahir – Der Offenkundige – lehrt uns, dass Allah nicht verborgen ist, sondern sich in jeder Blume, jedem Atemzug, jeder Sternennacht offenbart. Wer wirklich schaut, wird Ihn erkennen.

74 - Al-Batin – Der Verborgene

Ein Mönch zog sich in die Einsamkeit einer Höhle zurück, weit entfernt von den Stimmen der Welt. Er suchte nach Allah, nach einem Zeichen, nach einer Vision, die ihm zeigen würde, wo Er war. Tag und Nacht betete er, versank in Meditation, hoffte auf eine Offenbarung. Doch es blieb still. Kein Wunder geschah, kein Licht erhellte die Dunkelheit.

Enttäuscht fragte er sich: „Warum bleibt Allah verborgen?“

Eines Morgens trat er aus der Höhle und sah die aufgehende Sonne. Das Licht flutete das Tal, erfüllte die Welt mit Leben. In diesem Moment spürte er etwas – eine Stille in seinem Herzen, eine Wärme, die ihn umfing. Er erkannte, dass Allah die ganze Zeit bei ihm gewesen war, nicht außerhalb, sondern tief in seiner eigenen Seele.

Allah ist Al-Batin – der Verborgene. Nicht, weil Er nicht existiert, sondern weil Er tiefer ist als alles, was wir mit bloßem Auge sehen können. So wie die Wurzeln eines Baumes unter der Erde verborgen sind und ihn doch nähren, so ist Allah in allem verborgen, was existiert. Wer nur mit den Augen sucht, wird Ihn nicht erkennen. Doch wer mit dem Herzen schaut, wird Ihn finden.

Die Propheten erfuhren diese Wahrheit auf ihrem Weg. Musa (Moses, Friede sei mit ihm) suchte Allah auf dem Berg Sinai und hörte Seine Stimme in der Stille. Isa (Jesus, Friede sei mit ihm) erkannte Seine Gegenwart in den Herzen der Menschen, die er heilte. Und Muhammad (Friede und Segen seien auf ihm) fand die Offenbarung nicht in Lärm und Chaos, sondern in der Einsamkeit der Höhle Hira.

Das Universum selbst erzählt von Al-Batin. Schwarze Löcher, unsichtbar für das bloße Auge, halten ganze Galaxien zusammen. Die dunkle Materie, die Wissenschaftler bis heute nicht vollständig verstehen, beeinflusst die Bewegung der Sterne. So ist auch Allah – verborgen für den, der nur mit den Sinnen sucht, doch offenkundig für den, der mit seinem Herzen fühlt.

Ich erinnere mich an Zeiten, in denen ich dachte, Allah sei fern, in denen ich suchte und nicht fand. Doch dann erkannte ich: Er war die ganze Zeit da, in meinem Atem, in meinen Gedanken, in der Tiefe meiner Seele. Al-Batin – Der Verborgene – lehrt uns, dass Allah nicht fern ist, sondern näher, als wir je begreifen können. Wir müssen nur in uns selbst schauen, um Ihn zu finden.

75 - Al-Wali – Der Schutzherr

Ein Schiff geriet in einen schweren Sturm. Die Wellen türmten sich auf, der Wind riss an den Segeln, und die Matrosen fürchteten um ihr Leben. Blitze zuckten über den Himmel, und der Regen peitschte ihre Gesichter. Die Männer schrien, doch ihre Stimmen gingen im Tosen der Natur unter.

Einer von ihnen ließ das Seil, das er festhielt, los und sank auf die Knie. „Oh Allah, sei unser Beschützer!“, flehte er. Während um ihn herum das Chaos tobte, legte sich eine unbeschreibliche Ruhe über sein Herz. Er erinnerte sich an die Geschichten der Propheten – an Musa (Moses, Friede sei mit ihm), der vor dem Meer stand, ohne Fluchtweg, bis Allah es teilte. An

Yunus (Jonah, Friede sei mit ihm), der im Bauch des Wals betete und errettet wurde. An Muhammad (Friede und Segen seien auf ihm), der in der Höhle Zuflucht fand, als seine Feinde ihn suchten.

Dann, plötzlich, geschah es. Der Sturm ließ nach, der Wind legte sich, und das Meer wurde ruhig. Die Matrosen blickten sich ungläubig an. Der Mann, der gebetet hatte, wusste: Es war nicht der Zufall, der sie gerettet hatte, sondern Al-Wali – Der Schutzherr.

Das Universum selbst erzählt von dieser göttlichen Schutzkraft. Planeten umkreisen ihre Sterne in geordneter Bahn, gehalten von unsichtbaren Kräften. Die Natur erneuert sich nach jedem Sturm, und selbst im tiefsten Chaos bleibt eine verborgene Ordnung bestehen. Allah ist der, der alles bewahrt, der die Welten lenkt und der jedes Lebewesen mit Seinem Schutz umgibt.

Ich erinnere mich an Zeiten, in denen ich mich schutzlos fühlte, als mich Stürme des Lebens erfassten und ich nicht wusste, wohin ich mich wenden sollte. Doch dann spürte ich eine innere Ruhe, ein Licht, das mir den Weg zeigte. Al-Wali – Der Schutzherr – lehrt uns, dass wir nie allein sind. Wer sich Allah anvertraut, wird immer behütet sein, selbst in den wildesten Stürmen.

76 - Al-Muta'ali – Der Höchsterhabene

Ein Mann erklomm einen Berg, dessen Gipfel in den Wolken lag. Schritt für Schritt kämpfte er sich empor, über Felsen und eisige Pfade, bis er endlich den höchsten Punkt erreichte. Er betrachtete die Welt unter sich und fühlte sich erhaben, als hätte er die Grenzen der Erde überwunden. Doch dann hob er den Blick zum Himmel, und eine überwältigende Erkenntnis traf ihn: Egal, wie hoch er stieg, Allah war immer höher – über allem erhaben.

Er erinnerte sich an den Propheten Ibrahim (Abraham, Friede sei mit ihm), der zum Himmel schaute und erkannte, dass weder die Sonne noch der Mond die höchste Macht sein konnten. Er erinnerte sich an Musa (Moses, Friede sei mit ihm), der Allah auf dem Berg Sinai suchte, doch in Seiner unermesslichen

Erhabenheit nur ein Zeichen erblicken durfte. Und er erinnerte sich an Muhammad (Friede und Segen seien auf ihm), der in der Nacht der Himmelsreise über alles Irdische hinausgeführt wurde und dennoch wusste: Allahs Erhabenheit ist grenzenlos.

Das Universum ist ein Spiegel dieser Wahrheit. Selbst die höchsten Berge sind nur winzige Erhebungen auf der Erde, und unsere Galaxie ist nur ein Staubkorn im unendlichen Kosmos. Doch Allah ist über all das hinaus, jenseits von Raum und Zeit. Seine Erhabenheit ist nicht an Höhen oder Entfernungen gebunden – sie liegt in Seiner absoluten Vollkommenheit.

Ich erinnere mich an Zeiten, in denen ich nach Größe strebte, nach Wissen, nach Macht. Doch dann erkannte ich: Wahre Erhabenheit liegt nicht darin, höher zu stehen als andere, sondern in der Demut vor Allah, dem Höchsterhabenen. Al-Muta'ali – Der Höchsterhabene – lehrt uns, dass Allah über allem steht, und dass unsere wahre Größe nur in der Nähe zu Ihm liegt.

77 - Al-Barr – Der Gütige

Ein Kind saß auf einer Bank in einem kleinen Park. Es hatte ein Stück Brot in der Hand und sah einen hungrigen Vogel, der vorsichtig in seiner Nähe landete. Ohne zu zögern, zerbrach es das Brot in kleine Stücke und streute sie auf den Boden. Der Vogel pickte dankbar das Essen auf, während das Kind mit leuchtenden Augen zusah.

Ein alter Gelehrter, der in der Nähe saß, beobachtete die Szene und sagte: „So wie du barmherzig zu diesem kleinen Geschöpf bist, so ist auch Allah gütig zu Seiner gesamten Schöpfung. Er gibt uns mehr, als wir je verdienen können."

Der Junge blickte auf. „Aber ich habe nur ein kleines Stück Brot gegeben. Ist das wirklich wichtig?"

Der Gelehrte nickte. „Jede gute Tat, so klein sie auch erscheinen mag, ist ein Zeichen von Al-Barr – dem Gütigen. Allahs Güte umfasst alles, von der Sonne, die uns wärmt, bis hin zum Atem, den wir jeden

Moment nehmen. Er schenkt uns Leben, Nahrung, Liebe und Hoffnung, ohne dass wir es verdienen oder darum bitten."

Der Junge dachte nach. „Aber was ist mit den Menschen, die leiden? Ist Allah auch zu ihnen gütig?"

Der Gelehrte zeigte auf den Himmel. „Siehst du die Wolken? Manchmal bedecken sie die Sonne, und es scheint, als sei das Licht verschwunden. Doch die Sonne ist immer da, sie verbirgt sich nur kurz, um später noch heller zu scheinen. So ist es auch mit

Allahs Güte. Selbst wenn wir sie nicht immer sofort sehen, ist sie stets vorhanden."

Die Propheten erkannten Al-Barr in allem, was ihnen widerfuhr. Ibrahim (Abraham, Friede sei mit ihm) wurde aus dem Feuer gerettet, weil Allahs Güte ihn umgab. Yusuf (Josef, Friede sei mit ihm) wurde aus dem Gefängnis befreit, weil Allah ihn nie vergaß. Und Muhammad (Friede und Segen seien auf ihm) fand selbst in den schwierigsten Zeiten Trost in der unendlichen Güte seines Herrn.

Das Universum selbst ist ein Ausdruck dieser göttlichen Güte. Die Erde bringt Früchte hervor, damit wir essen können. Die Luft ist genau richtig zusammengesetzt, damit wir atmen können. Die Sterne erhellen die Nacht und weisen uns den Weg. Nichts geschieht zufällig – alles ist ein Geschenk von Al-Barr, dem Gütigen.

Ich erinnere mich an Momente, in denen ich nicht verstand, warum bestimmte Dinge geschahen. Doch später erkannte ich, dass hinter allem eine Weisheit und eine unermessliche Güte lag. Al-Barr – Der Gütige – lehrt uns, dass wir uns in Allahs Güte geborgen wissen dürfen, denn sie ist größer als jede Prüfung und stärker als jede Dunkelheit.

78 - At-Tawwab – Der Reue Annehmende

Ein Mann saß allein in der Dunkelheit seiner Kammer. Seine Hände zitterten, sein Herz war schwer. Jahrelang hatte er sich von Allah entfernt, in Sünden gelebt, Dinge getan, von denen er glaubte, dass sie unverzeihlich seien. Doch heute, in dieser Nacht, konnte er die Last nicht mehr tragen. Mit Tränen in den Augen sank er auf die Knie und rief: „Oh Allah, ich habe gefehlt. Ich bereue aufrichtig. Nimm meine Reue an!"

Er weinte, lange und still, als ob er all seine Fehler in diesen Tränen auflösen wollte. Die Nacht verging, und als der Morgen kam, spürte er etwas, das er seit Jahren nicht mehr gefühlt hatte – eine innere Leichtigkeit, ein Frieden, den nichts in dieser Welt geben konnte. Es war, als hätte das Universum selbst geantwortet, als hätte das Licht des Morgens ihn mit neuer Hoffnung erfüllt. „Allah nimmt die Reue an“, sagte er voller Dankbarkeit.

Er erinnerte sich an die Geschichten der Propheten. Adam (Friede sei mit ihm) hatte einen Fehler gemacht, doch er wandte sich in Reue an Allah, und Allah vergab ihm. Yunus (Jonah, Friede sei mit ihm) war im Bauch des Wals gefangen, bis er bereute und Allah ihn befreite. Selbst die größten Diener Allahs waren nicht frei von Fehltritten – doch Allah, At-Tawwab, der Reue Annehmende, gewährt jedem, der aufrichtig zurückkehrt, Seine Vergebung.

Das Universum selbst erzählt von dieser göttlichen Eigenschaft. Die Natur vergeht im Winter, nur um im Frühling neu zu erblühen. Der Himmel verdunkelt sich mit Stürmen, doch dahinter wartet immer das Licht. So ist es auch mit der Seele – sie mag irren, sie mag sich verirren, doch Allah gibt ihr stets die Möglichkeit, zurückzukehren und wieder zu erstrahlen.

Ich erinnere mich an Zeiten, in denen ich glaubte, meine Fehler seien zu groß, um vergeben zu werden. Doch dann erkannte ich: Allahs Barmherzigkeit ist unendlich, Seine Tür steht immer offen. At-Tawwab – Der Reue Annehmende – lehrt uns, dass es nie zu spät ist, umzukehren. Egal, wie weit wir gegangen sind, ein einziger aufrichtiger Schritt zurück zu Allah reicht aus, um wieder in Seinem Licht zu stehen.

79 - Al-Muntaqim – Der Vergelter

Ein Tyrann herrschte über sein Volk mit eiserner Hand. Er nahm, was er wollte, unterdrückte die Schwachen und glaubte, seine Macht sei unantastbar. Sein Palast war aus reinem Gold, seine Armee unzählbar, und seine Befehle wurden ohne Widerspruch ausgeführt. Doch tief in den Herzen der Menschen lebte die Hoffnung auf Gerechtigkeit.

Eines Tages kam ein Sturm, nicht aus Wind und Regen, sondern aus den Herzen derer, die genug gelitten hatten. Sein Reich begann zu bröckeln, die Unterdrückten erhoben sich, und die Stimme der

Wahrheit ließ sich nicht mehr unterdrücken. Bald stand der Tyrann allein in seinem einst glorreichen Palast, nun verlassen und zerstört. Er erkannte zu spät: Allah lässt kein Unrecht bestehen.

So war es immer gewesen. Firaun (Pharao) hielt sich für einen Gott, bis das Meer sich auftat und ihn verschlang. Die Völker, die die Propheten verspotteten und unterdrückten, wurden nicht sich selbst überlassen – die göttliche Gerechtigkeit holte sie ein. Denn Allah ist Al-Muntaqim – Der Vergelter. Nicht aus Hass oder Zorn, sondern aus vollkommener Gerechtigkeit.

Das Universum selbst trägt dieses Prinzip in sich. Jede Handlung hat eine Konsequenz, jede Kraft eine Gegenkraft. Ein Stern, der zu viel nimmt, verglüht. Ein Gleichgewicht, das zerstört wird, findet seinen Ausgleich. So ist auch Allahs Vergeltung: Kein Unrecht bleibt ungesühnt, keine Tat bleibt ohne ihre gerechte Antwort.

Ich erinnere mich an Zeiten, in denen ich Zeuge von Ungerechtigkeit wurde und dachte, sie bliebe für immer bestehen. Doch dann erkannte ich: Allah sieht alles, und Seine Gerechtigkeit ist absolut. Al-Muntaqim – Der Vergelter – lehrt uns, dass niemand ungestraft Unrecht tun kann. Die göttliche Ordnung stellt sich immer wieder her, sei es im Diesseits oder im Jenseits.

80 - Al-'Afuww – Der Vergebende

Ein alter Feind wurde vor den König gebracht. Er hatte Verrat begangen, Unrecht getan, und nun erwartete er seine gerechte Strafe. Sein Kopf war gesenkt, seine Hände zitterten, denn er wusste, dass ihm keine Entschuldigung helfen konnte.

Doch der König sah ihn lange an, und dann sprach er: „Ich vergebe dir, denn Allah liebt die Vergebung."

Der Mann hob langsam den Kopf und sah in die Augen des Königs. Er erwartete Härte, doch er sah nur

Güte. Die Worte trafen ihn tief. „Warum vergibst du mir?“ fragte er leise.

„Weil ich selbst die Vergebung Allahs brauche“, sagte der König. „Jeder Mensch macht Fehler. Wenn wir uns nicht gegenseitig vergeben, wie können wir dann hoffen, dass Allah uns vergibt?“

In diesem Moment erkannte der Feind die Größe der göttlichen Barmherzigkeit. Tränen rannen über sein Gesicht, und er fiel auf die Knie. „Oh Allah, Du bist Al-‘Afuww, der Vergebende. Du löschst Sünden aus, als hätten sie nie existiert. Du gibst uns eine zweite Chance, egal wie tief wir gefallen sind.“

Die Geschichte des Propheten Muhammad (Friede und Segen seien auf ihm) kam ihm in den Sinn. Als er nach Jahren der Verfolgung nach Mekka zurückkehrte, hatte er die Macht, sich an seinen einstigen Feinden zu rächen. Doch was tat er? Er vergab ihnen und sprach: „Geht, ihr seid frei.“

Das Universum selbst zeugt von dieser göttlichen Eigenschaft. Eine Wunde heilt, das Wasser reinigt, der Himmel klärt sich nach dem Sturm. Alles, was war, kann erneuert werden – durch Allahs Vergebung. So ist es auch mit unseren Herzen: Selbst wenn sie von Sünden verdunkelt sind, kann Allah sie mit Seiner Vergebung wieder erhellen.

Ich erinnere mich an Zeiten, in denen ich dachte, ich hätte zu viel falsch gemacht, um noch zurückkehren zu können. Doch dann erkannte ich: Allahs Vergebung kennt keine Grenzen. Al-‘Afuww – Der

Vergebende – lehrt uns, dass wahre Größe nicht in der Strafe liegt, sondern in der Fähigkeit, zu vergeben. Denn wer vergibt, dem wird vergeben.

81 - Ar-Ra'uf – Der Mitleidsvolle

Ein Mann irrte durch die Straßen einer fremden Stadt. Er hatte alles verloren – sein Zuhause, seine Familie, seine Hoffnung. Der Wind war kalt, seine Kleidung zerschlissen, und sein Magen schmerzte vor Hunger. Niemand schien ihn zu beachten, als wäre er unsichtbar für die Welt.

Doch dann öffnete sich eine Tür. Eine Familie sah ihn, erkannte seine Not und bat ihn herein. Sie gaben ihm Essen, trockene Kleidung und einen Platz, an dem er ruhen konnte. Tränen stiegen ihm in die Augen, als er die Wärme des Hauses spürte, die mehr war als nur eine physische Erleichterung – es war das Licht der göttlichen Barmherzigkeit, das durch die Herzen der Menschen schien.

„Warum tut ihr das für mich?“ fragte er leise.

Der Hausherr lächelte. „Weil Allah Ar-Ra’uf ist – der Mitleidsvolle. Sein Mitgefühl zeigt sich in denen, die helfen, ohne eine Gegenleistung zu erwarten. So wie Allah uns beschützt, sollen wir einander Schutz geben.“

In diesem Moment erkannte der Mann: Allahs Mitleid zeigt sich nicht nur in großen Wundern, sondern in den kleinen Gesten der Liebe, die wir einander schenken. Das Universum selbst flüstert diese Wahrheit. Die Erde bringt Nahrung hervor, um Leben zu erhalten. Die Sonne spendet Wärme, selbst an den kältesten Tagen. Überall gibt es Zeichen göttlicher Fürsorge – man muss nur hinsehen.

Ich erinnere mich an Zeiten, in denen ich mich verloren fühlte, als ob die Welt mich vergessen hätte. Doch dann spürte ich eine unsichtbare Hand, eine Fügung, die mir half, weiterzugehen. Ar-Ra’uf – Der Mitleidsvolle – lehrt uns, dass Allahs Mitgefühl grenzenlos ist und oft durch die Herzen der Menschen wirkt, die uns begegnen.

82 - Malik-ul-Mulk – Der Besitzer des Königreichs

Ein mächtiger König herrschte über ein riesiges Reich. Seine Paläste glänzten aus purem Gold, seine Armee war unbesiegbar, und sein Wort galt als Gesetz. Er saß auf einem Thron, so hoch erhoben, dass er glaubte, über allem zu stehen.

Doch eines Tages, als er schwer erkrankte, wurde ihm bewusst, dass all seine Macht ihn nicht vor dem Unausweichlichen bewahren konnte. Sein Körper wurde schwächer, seine Hände konnten den Reichtum nicht mehr festhalten, und seine Krone verlor ihren

Glanz. Als er auf dem Sterbebett lag, sprach ein Weiser über ihm: „Du hast geglaubt, dieses Reich gehöre dir, doch nun verlässt du es mit leeren Händen. Der wahre König ist nur Allah, dem das ganze Universum gehört."

Diese Worte hallten in seinem Herzen wider. Er erinnerte sich an die großen Herrscher der Vergangenheit – Nimrud, der gegen Allah kämpfte und an einer winzigen Mücke zugrunde ging. Firaun, der sich selbst für einen Gott hielt, bis die Wellen ihn verschlangen. Alle, die einst glaubten, die Welt liege in ihren Händen, hatten eines gemeinsam: Sie mussten sie verlassen, während Allah, Malik-ul-Mulk, der wahre Besitzer aller Dinge, ewig bleibt.

Das Universum selbst spiegelt diese Wahrheit wider. Sterne erlöschen, Galaxien vergehen, doch die Ordnung des Kosmos bleibt bestehen. Königreiche erheben sich und fallen, doch Allahs Herrschaft bleibt unantastbar. Alles, was existiert, gehört Ihm – der Erde, den Himmeln und allem dazwischen.

Ich erinnere mich an Momente, in denen ich an Dingen festhalten wollte, an Besitz, an Macht, an Kontrolle. Doch dann erkannte ich: Nichts gehört mir wirklich. Alles, was ich habe, ist eine Leihgabe, und eines Tages werde ich mit leeren Händen vor Allah stehen. Malik-ul-Mulk – Der Besitzer des Königreichs – lehrt uns Demut, denn wahrer Reichtum liegt nicht im Besitz, sondern in der Erkenntnis, dass alles letztlich Allah gehört.

83 - Dhul-Jalali wal-Ikram – Der Herr der Majestät und Ehre

Ein Künstler stand vor einer riesigen Leinwand, einen Pinsel in der Hand. Er wollte die Schönheit der Welt einfangen – das leuchtende Rot des Sonnenuntergangs, das sanfte Blau des Meeres, das satte Grün der Wälder. Doch je mehr er malte, desto mehr erkannte er: Keine Farbe, kein Strich konnte die wahre Pracht von Allahs Schöpfung widerspiegeln.

Eines Tages wanderte er in die Berge, suchte nach einer Inspiration, die seinen Geist beruhigen würde. Dort, hoch oben, wo der Himmel die Erde zu berühren schien, blieb er stehen. Die Sterne funkelten in der Dunkelheit, der Wind trug die Lieder der Natur, und der Mond tauchte die Welt in ein sanftes Licht. In diesem Moment verstand er: Wahre Majestät und Ehre gehören allein Allah.

Er erinnerte sich an den Propheten Musa (Moses, Friede sei mit ihm), der Allahs Herrlichkeit auf dem Berg Sinai erfahren wollte. Doch selbst der Berg, stark und mächtig, zerfiel unter der Macht Seiner Anwesenheit. Und er dachte an Muhammad (Friede und Segen seien auf ihm), der während seiner Himmelsreise (Isra und Miraj) die unermessliche Majestät Allahs erkannte.

Das Universum selbst zeugt von dieser Erhabenheit. Schwarze Löcher verschlingen Licht, doch Allahs Licht erlischt nie. Galaxien drehen sich in präziser Ordnung, doch ihre Schönheit ist nur ein Hauch von Allahs Größe. Jedes Sandkorn, jede Welle im Ozean, jeder Atemzug – alles existiert durch Seine Majestät.

Ich erinnere mich an Momente, in denen ich mich klein fühlte, überwältigt von der Größe der Welt. Doch dann verstand ich: Unsere Größe liegt nicht in dem, was wir besitzen oder erschaffen, sondern in unserer Ehrfurcht vor Allah, dem Herrn der Majestät und Ehre. Dhul-Jalali wal-Ikram – Der Herr der Majestät und Ehre – lehrt uns, dass wahre Erhabenheit nur Allah gehört, und dass in Seiner Größe auch unsere Hoffnung liegt.

84 - Al-Muqsit – Der Gerechte

Zwei Brüder standen vor einem Richter. Sie hatten sich um das Erbe ihres verstorbenen Vaters gestritten – ein Landstück, das beiden viel bedeutete. Jeder beanspruchte es für sich, und keiner wollte nachgeben. Sie argumentierten hitzig, zählten ihre Verdienste auf und versuchten, sich gegenseitig zu übertrumpfen.

Der Richter, ein weiser alter Mann, hörte sich beide Seiten geduldig an. Dann schloss er für einen Moment die Augen, als würde er sich mit einer höheren Wahrheit verbinden. Schließlich sprach er: „Dieses Land gehört weder dem einen noch dem anderen. Es gehört Allah allein, wie alles auf dieser Welt. Doch wahre Gerechtigkeit liegt nicht darin, zu nehmen, sondern zu geben."

Die Brüder schauten ihn verwundert an. „Was bedeutet das?" fragte einer von ihnen.

Der Richter lächelte sanft. „Ihr seid Brüder, geschaffen von demselben Herrn. Euer Vater hat euch nicht das Land hinterlassen, sondern die Pflicht, es gemeinsam zu nutzen. Wer es besitzt, ist nicht so wichtig wie das, was ihr damit tut. Teilt es gerecht oder nutzt es gemeinsam, doch vergesst nicht: Allah sieht nicht, wem es gehört, sondern wie ihr damit umgeht."

Die Brüder blickten sich an. Ihre Wut schmolz, und sie erinnerten sich an ihre Kindheit, als sie gemeinsam auf diesem Land spielten, als sie noch Brüder waren, bevor das Erbe sie trennte. Sie erkannten die Weisheit des Richters und beschlossen, das Land zu teilen und es für das Wohl ihrer Familien zu nutzen.

Der Richter stand auf und sprach: „Wahre Gerechtigkeit kommt nicht aus dem Besitz, sondern aus dem Herzen. Allah ist Al-Muqsit – Der Gerechte. Seine Gerechtigkeit ist vollkommen, und Er gibt jedem, was ihm zusteht."

Das Universum selbst zeugt von dieser göttlichen Gerechtigkeit. Die Planeten kreisen in perfektem Gleichgewicht um ihre Sterne. Das Wasser kehrt nach seinem Zyklus immer zum Himmel zurück. Jede Ursache hat eine Wirkung, jede Handlung eine Konsequenz. Nichts entgeht der göttlichen Ordnung.

Ich erinnere mich an Zeiten, in denen ich Ungerechtigkeit erlebte und nach Vergeltung suchte. Doch dann erkannte ich: Wahre Gerechtigkeit liegt nicht in unserer Hand, sondern in Allahs Weisheit. Al-Muqsit – Der Gerechte – lehrt uns, dass nichts ungesehen bleibt, und dass wahre Gerechtigkeit oft in der Güte liegt, nicht in der Strafe.

85 - Al-Jami' – Der Vereiner

Es gab einst ein Dorf, das durch Hass und Misstrauen gespalten war. Familien, die einst zusammen lebten, sprachen nicht mehr miteinander. Die Felder, die sie einst gemeinsam bestellten, lagen brach, weil niemand dem anderen helfen wollte. Über Generationen hatte sich die Feindschaft vertieft, und keiner wusste mehr genau, woher der Streit ursprünglich kam.

Eines Tages kam ein weiser Mann in das Dorf. Er hörte von den Zerwürfnissen und beschloss, die Menschen zu versammeln. Unter dem Schatten eines alten Baumes sprach er zu ihnen: „Seht euch um. Ihr alle lebt auf demselben Land, atmet dieselbe Luft, trinkt dasselbe Wasser. Was euch trennt, ist nicht Allahs Wille, sondern euer eigenes Herz."

Die Menschen hörten zu, doch sie zweifelten. „Wie können wir uns versöhnen, wenn der Schmerz so tief sitzt?“ fragte einer.

Der Weise lächelte und antwortete: „Allah ist Al-Jami‘ – Der Vereiner. Er vereint die Sterne in den Galaxien, die Tropfen im Meer, die Seelen der Menschen. Nichts im Universum existiert ohne Verbindung zum anderen. So wie Allah das Herz der Propheten miteinander verband, kann Er auch eure Herzen heilen, wenn ihr Ihn darum bittet.“

Langsam begannen die Dorfbewohner, sich zu erinnern. An die Zeiten, in denen sie zusammen lachten, arbeiteten, feierten. Sie erkannten, dass der Groll sie nicht stärker, sondern schwächer gemacht hatte. Schließlich standen sie auf und reichten sich die Hände. Die Feindschaft wich der Vergebung, das Dorf begann wieder zu blühen.

Das Universum selbst zeugt von dieser göttlichen Wahrheit. Kein Stern leuchtet allein, kein Fluss fließt ohne seinen Ursprung. Alles ist miteinander verbunden, vereint durch die unsichtbare Hand des Schöpfers. Ich erinnere mich an Momente, in denen ich mich allein fühlte, getrennt von anderen, gefangen in meinen eigenen Gedanken. Doch dann erkannte ich: Niemand ist wirklich allein, solange er Allah in seinem Herzen trägt. Al-Jami‘ – Der Vereiner – lehrt uns, dass wahre Einheit nicht in Worten liegt, sondern in den Herzen, die sich Allah zuwenden.

86 - Al-Ghaniyy – Der Unabhängige, der Sich-Selbst-Genügende

In einer prächtigen Stadt lebte ein Mann, dessen Reichtum keine Grenzen kannte. Seine Paläste waren aus feinstem Marmor, seine Speisekammern gefüllt mit den erlesensten Köstlichkeiten. Doch trotz all seines Goldes fühlte er eine unerklärliche Leere in seinem Herzen. Er glaubte, dass er sich alles kaufen konnte – doch Frieden und Glück schienen ihm zu entgleiten.

Eines Tages traf er auf einen alten Mann, der in einem bescheidenen Haus am Rande der Stadt lebte. Der

Alte besaß kaum etwas, doch sein Gesicht strahlte eine tiefe Zufriedenheit aus. Der reiche Mann fragte ihn: „Wie kannst du ohne Besitz glücklich sein?“

Der Alte lächelte sanft. „Du brauchst Gold, um glücklich zu sein. Ich brauche nur Allah. Er ist Al-Ghaniyy – Der Unabhängige, der Sich-Selbst-Genügende. Alles, was existiert, ist von Ihm abhängig, doch Er ist von nichts abhängig. Wer sich Ihm anvertraut, braucht nichts weiter.“

Diese Worte trafen den reichen Mann tief. Er erkannte, dass sein Besitz ihn nicht wirklich frei machte – er war vielmehr ein Gefangener seiner eigenen Gier. In jener Nacht blickte er zum Himmel und sah die unendlichen Sterne, die ohne Reichtum, ohne Lohn, ohne Besitz leuchteten – einfach, weil Allah es so wollte. Er verstand, dass wahre Fülle nicht im Besitz von Dingen liegt, sondern in der Nähe zu Allah.

Das Universum selbst zeigt uns diese Wahrheit. Die Sonne leuchtet nicht, weil sie dafür etwas bekommt, sondern weil es ihre Bestimmung ist. Der Wind weht, das Wasser fließt, die Sterne kreisen in vollkommener Harmonie – und doch brauchen sie nichts für sich selbst. Allah ist Al-Ghaniyy – Der Einzige, der unabhängig und frei von jeglicher Bedürftigkeit ist.

Ich erinnere mich an Zeiten, in denen ich dachte, ich müsste immer mehr erreichen, immer mehr besitzen, um Zufriedenheit zu finden. Doch dann erkannte ich: Wahre Unabhängigkeit liegt in der völligen Hingabe an Allah. Al-Ghaniyy – Der Unabhängige – lehrt uns, dass wahre Fülle nicht in irdischen Dingen liegt, sondern in der Erkenntnis, dass Allah allein genügt.

87 - Al-Mughni – Der Bereichernde

Ein armer Bauer lebte von seiner kleinen Farm, doch eine lange Dürre hatte sein Land ausgetrocknet. Mit verzweifeltem Herzen trat er eines Nachts unter den Sternenhimmel, hob seine Hände zum Himmel und sprach: „Oh Allah, Du bist Al-Mughni – der Bereichernde. Ich habe nichts außer meinem Vertrauen auf Dich. Versorge mich mit dem, was gut für mich ist.“

Am nächsten Morgen erschienen dunkle Wolken am Himmel, und schon bald fiel der erste Regen seit Monaten. Der Boden, der tot schien, begann zu trinken, und mit jedem Tropfen kehrte das Leben zurück. Bald sprossen grüne Halme aus der Erde, und das Land erblühte in neuer Fülle. Der Bauer fiel auf die Knie, Tränen in den Augen, und flüsterte: „Wahrer Reichtum kommt von Allah, nicht von Gold oder Silber, sondern von Seiner unendlichen Großzügigkeit."

Das Universum selbst erzählt von dieser göttlichen Eigenschaft. Sterne entstehen aus Staub und Gas, scheinbar aus dem Nichts, doch Allah bereichert das Universum mit Licht und Leben. Wasser findet seinen Weg durch trockene Felsen, und aus kahlen Bäumen sprießen im Frühling Blüten. So wie Allah die Natur mit Seiner Gnade füllt, so bereichert Er auch die Herzen derer, die auf Ihn vertrauen.

Ich erinnere mich an Zeiten, in denen ich dachte, mir fehle es an etwas – sei es materieller Besitz oder innere Zufriedenheit. Doch dann erkannte ich: Wahre Bereicherung liegt nicht im Haben, sondern im Vertrauen darauf, dass Allah gibt, was wir wirklich brauchen. Al-Mughni – Der Bereichernde – lehrt uns, dass Allah allein unsere wahre Quelle der Fülle ist, in dieser Welt und im Jenseits.

88 - Al-Mani‘ – Der Zurückhaltende

Ein Mann hatte einen großen Traum: Er wollte ein Geschäft eröffnen, das ihn reich machen sollte. Er investierte all seine Ersparnisse, suchte nach Partnern und bereitete sich auf seinen großen Erfolg vor. Doch jedes Mal, wenn er kurz vor dem Durchbruch stand, geschah etwas, das ihn aufhielt – ein Vertrag platzte, eine Lieferung blieb aus, ein unerwartetes Hindernis stellte sich ihm in den Weg.

Frustriert und enttäuscht fragte er sich: „Warum, oh Allah? Warum hältst Du mich zurück?“ Doch er gab nicht auf. Er betete weiter und bat Allah um Führung.

Eines Tages erfuhr er, dass genau das Geschäft, das er eröffnen wollte, von einem Betrüger unterwandert worden war. Hätte er investiert, wäre er ruiniert worden. In diesem Moment erkannte er: „Allah hat mich zurückgehalten, um mich zu schützen.“

Das Universum selbst erzählt von dieser göttlichen Weisheit. Ein Asteroid, der die Erde verfehlt, ein Sturm, der in letzter Sekunde abdreht, ein Schiff, das nicht ausläuft und so einer Katastrophe entgeht. Manchmal verstehen wir nicht, warum uns etwas verwehrt bleibt, doch Allah ist Al-Mani‘ – Der Zurückhaltende. Er hält uns von Dingen zurück, die uns schaden würden, und wir erkennen es oft erst später.

Ich erinnere mich an Momente, in denen ich mir etwas sehnlichst wünschte, es aber nicht bekam. Damals fühlte ich Enttäuschung, doch später erkannte ich, dass es Allahs Schutz war. Al-Mani' – Der Zurückhaltende – lehrt uns, dass nicht jede Verzögerung ein Hindernis ist, sondern oft ein Segen in Verkleidung.

89 - Ad-Darr – Der Schädigende

Ein Mann hatte alles verloren. Sein Geschäft war gescheitert, seine Freunde hatten sich von ihm abgewandt, und seine Familie war in Not geraten. Verzweifelt fragte er: „Warum, oh Allah, prüfst Du mich so hart?"

Jahre vergingen. Der Mann kämpfte sich durch seine Prüfungen, lernte Geduld und fand neue Wege. Er begegnete Menschen, die ihm halfen, und entdeckte in sich selbst eine Stärke, die er nie zuvor kannte. Schließlich fand er seinen Weg zurück zu Erfolg und Zufriedenheit – nicht durch Reichtum, sondern durch inneren Frieden.

Eines Tages, als er zurückblickte, erkannte er: „Jedes Unglück, das mich traf, war kein Fluch, sondern eine Lektion. Allah hat mir nichts genommen, ohne mir etwas Besseres zu geben. Selbst Schmerz dient einem höheren Zweck."

Das Universum selbst zeigt uns diese Wahrheit. Eine Feuerwalze, die einen Wald zerstört, bereitet den Boden für neues Leben. Ein Sturm, der eine Küste verwüstet, formt das Land neu und schafft Raum für

Wachstum. So wie der Kosmos sich ständig erneuert, so nutzt Allah selbst das, was wir als Schaden betrachten, um uns auf eine höhere Ebene zu bringen.

Ich erinnere mich an Zeiten, in denen ich mich von Prüfungen überwältigt fühlte. Doch als ich durchhielt, erkannte ich, dass Allah niemals zerstört, ohne auch aufzubauen. Ad-Darr – Der Schädigende – lehrt uns, dass selbst Schmerz ein Teil Seines göttlichen Plans ist, um uns zu reinigen, zu lehren und näher zu Ihm zu führen.

90 - An-Nafi‘ – Der Nützliche

Ein alter Mann saß auf einer Bank in einem Park. In seinen Händen hielt er einen Apfel, den er gerade gepflückt hatte. Neben ihm spielte ein hungriges Kind, dessen Kleidung zerschlissen war. Der Mann sah es voller Mitgefühl an und reichte ihm den Apfel. „Iss, mein Kind“, sagte er, „und möge Allah dich segnen.“

Jahre vergingen. Das Kind wuchs heran, lernte, studierte und wurde schließlich ein angesehener Gelehrter. Er schrieb Bücher, lehrte Schüler und inspirierte Tausende mit seinem Wissen. Als er eines

Tages über sein Leben nachdachte, erinnerte er sich an den alten Mann und den Apfel, den er einst erhalten hatte. „Ein einfacher Akt der Güte kann unendliche Wellen schlagen“, dachte er. „Jede gute Tat bringt Nutzen, den nur Allah kennt.“

Das Universum selbst folgt diesem Prinzip. Ein Samen, der in die Erde fällt, kann einen ganzen Wald hervorbringen. Ein einziger Regentropfen kann ein vertrocknetes Land wiederbeleben. Jede Handlung, jeder Moment hat eine Bedeutung, auch wenn wir sie nicht sofort erkennen. Allah ist An-Nafi‘ – Der Nützliche, und alles, was Er gibt, trägt einen Sinn, auch wenn es uns zunächst verborgen bleibt.

Ich erinnere mich an Zeiten, in denen ich glaubte, meine kleinen Bemühungen würden keine große Veränderung bewirken. Doch dann erkannte ich: Ein einziges freundliches Wort, eine helfende Hand, ein ehrliches Gebet – all das kann Leben berühren und in Bewegung setzen. An-Nafi‘ – Der Nützliche – lehrt uns, dass jede Tat, so klein sie auch erscheinen mag, eine Kette von Segnungen auslösen kann, die sich bis in die Unendlichkeit erstreckt.

91 - An-Nur – Das Licht

Ein Wanderer zog allein durch eine endlose Wüste. Der heiße Wind peitschte ihm ins Gesicht, der Sand raubte ihm die Sicht. Er hatte die Orientierung verloren und wusste nicht mehr, in welche Richtung er gehen sollte. Tag für Tag kämpfte er sich voran, doch die Dunkelheit der Nacht brachte keine Ruhe, sondern nur die Angst, für immer verloren zu sein.

Gerade als er jede Hoffnung aufgab und in die Knie sank, sah er in der Ferne ein Licht. Es war klein, kaum mehr als ein Flackern, doch es reichte aus, um ihm einen Funken Hoffnung zu geben. Mit letzter Kraft bewegte er sich darauf zu. Schritt für Schritt kam er näher, bis er schließlich eine Karawane fand, die ihn rettete und in Sicherheit brachte. „Allah ist das Licht in der Dunkelheit unseres Lebens“, erkannte er. „Selbst wenn alles verloren scheint, führt Er uns auf den rechten Weg.“

Das Universum selbst ist erfüllt von diesem göttlichen Licht. Sterne, die in der tiefsten Finsternis leuchten,

Galaxien, die ihre Bahnen ziehen, ohne zu kollidieren – alles folgt einer unsichtbaren Ordnung, die Allah bestimmt hat. Das Licht, das uns leitet, ist nicht nur das der Sonne oder der Sterne, sondern das Licht der Wahrheit, das unsere Seelen erhellt.

Ich erinnere mich an Zeiten, in denen ich mich in der Dunkelheit der Zweifel und Ängste gefangen fühlte. Doch dann erkannte ich: Selbst in den tiefsten Schatten gibt es immer ein Licht, das uns den Weg weist. An-Nur – Das Licht – lehrt uns, dass Allah immer gegenwärtig ist, um uns aus der Finsternis ins Licht zu führen, wenn wir nur vertrauen.

92 - Al-Hadi – Der Rechtleitende

Ein junger Mann suchte nach Sinn und Zweck. Er durchstöberte Bibliotheken, las unzählige Bücher und hörte den klügsten Menschen seiner Zeit zu. Doch je mehr Wissen er sammelte, desto größer wurde seine innere Leere. Keine Antwort konnte das brennende Verlangen seines Herzens stillen.

Eines Nachts, in einem Moment tiefster Verzweiflung, hob er seine Hände und sprach: „Oh Allah, wenn Du wirklich da bist, dann leite mich!“ In der Stille der Nacht spürte er plötzlich eine tiefe Ruhe, als hätte eine unsichtbare Kraft sein Herz berührt. Von diesem Tag an begann er, die Welt mit anderen Augen zu sehen. Die Zeichen, die ihm zuvor verborgen blieben, wurden nun klar. Die Antworten, nach denen er suchte, waren nie in den Büchern allein – sie waren in der Schöpfung, in der Ordnung des Universums, in den kleinen Wundern des Lebens.

Er betrachtete den Nachthimmel und erkannte, dass die Sterne nicht ziellos leuchten. Sie folgen Bahnen, die seit Anbeginn der Zeit bestimmt sind. Die Wellen des Meeres kommen und gehen in einem ewigen Rhythmus. Selbst der kleinste Vogel weiß instinktiv, wann es Zeit ist zu fliegen. Alles im Universum folgt einem Plan, einer Führung – und diese Führung kommt von Allah.

Sein Herz wurde leichter, und er begann, sich der göttlichen Liebe anzuvertrauen. Die Fragen, die ihn einst quälten, erschienen ihm nicht mehr als Hindernisse, sondern als Türen, die nach und nach geöffnet wurden. Er begriff, dass Allah nicht nur durch Wissen leitet, sondern auch durch die Ereignisse des Lebens, durch Begegnungen, durch Prüfungen und durch Zeichen, die nur mit dem Herzen verstanden werden können.

So wie die Sterne den Weg durch die Dunkelheit weisen und die Sonne die Nacht vertreibt, so führt Allah die Herzen auf den rechten Pfad. Er ist Al-Hadi – Der Rechtleitende. Er schickt den Wind, um die Segel eines Schiffes zu füllen, er lässt den Regen auf verdorrte Felder fallen, er bewegt Seelen, damit sie den Weg zu Ihm finden. Wer Allah sucht, wird Ihn finden, denn Seine Liebe leuchtet heller als jede Sonne und Seine Weisheit ist tiefer als das weite Universum.

Ich erinnere mich an Zeiten, in denen ich mich von Zweifeln zerfressen fühlte, als ich nicht wusste, wohin mein Weg mich führen würde. Doch als ich mich Allah zuwandte, fand ich die Antworten nicht in Büchern oder Worten, sondern in der Stille, im Licht des Morgens, in der Umarmung eines geliebten Menschen. Al-Hadi – Der Rechtleitende – lehrt uns, dass Allah uns nie im Dunkeln lässt, solange wir bereit sind, Sein Licht zu empfangen.

93 - Al-Badi‘ – Der Einzigartige Schöpfer

Ein Künstler saß in seinem Atelier und betrachtete eine Blume, die er zu malen versuchte. Ihre leuchtenden Farben, die filigranen Blütenblätter und die feinen Linien der Blätter faszinierten ihn. Doch egal, wie oft er den Pinsel ansetzte, keine seiner Farben konnte die Lebendigkeit dieser Schöpfung einfangen. Die Blume besaß eine Schönheit, die sich nicht mit Farben oder Formen nachbilden ließ.

Er trat ans Fenster und sah hinaus in die Natur. Die Berge ragten majestätisch in den Himmel, die Wolken zogen in harmonischen Mustern über das Firmament, und jeder Baum, jedes Blatt, jeder Vogel war ein Kunstwerk für sich. Kein Künstler, kein Wissenschaftler, kein Mensch könnte jemals etwas erschaffen, das so vollkommen war. Da erkannte er:

„Allah ist der wahre Künstler, der ohne Vorbild erschafft. Jede Form, jede Farbe, jede Bewegung ist Ausdruck Seiner unermesslichen Schöpferkraft.“

Das Universum selbst ist ein einziges Meisterwerk. Galaxien entstehen in einer Ordnung, die unser Verstand kaum begreifen kann. Sterne vergehen und werden neu geboren, ohne dass sie je ihre Bestimmung verlieren. Jeder Stein, jeder Tropfen Wasser, jedes Lebewesen ist ein Beweis für die unvergleichliche Kunstfertigkeit Allahs. Er ist Al-Badi‘ – Der Einzigartige Schöpfer, der ohne Nachahmung erschafft und dessen Werke nicht von Menschenhand nachgebildet werden können.

Ich erinnere mich an Momente, in denen ich staunend unter dem Sternenhimmel stand, den leuchtenden Nebeln am Horizont zusah und spürte, dass jede dieser Lichter eine Geschichte erzählt – eine Geschichte, die nur Allah schreiben kann. Al-Badi‘ – Der Einzigartige Schöpfer – lehrt uns, dass Schönheit und Perfektion nicht in der Nachahmung liegen, sondern in der Erkenntnis, dass Allah allein der wahre Schöpfer allen Seins ist.

94 - Al-Baqi – Der Ewige

Ein mächtiger König ließ einen prächtigen Palast errichten. Die Mauern waren aus weißem Marmor, die Säulen aus reinem Gold, und die Gärten schienen aus einem Paradies zu stammen. Er war überzeugt, dass sein Name für alle Zeiten in den Annalen der Geschichte stehen würde. „Dies ist mein Erbe“, sprach er stolz, „mein Reich wird für immer bestehen.“

Jahrhunderte vergingen. Der Palast, einst voller Leben, zerfiel langsam zu Ruinen. Die einst prachtvollen Gärten verwilderten, und der Wind fegte den Staub vergangener Zeiten über die leeren Hallen. Die Menschen erinnerten sich kaum noch an den Namen des Königs. Ein weiser Mann wanderte durch die verfallenen Gemäuer und sprach: „Alles vergeht, außer Allah, der ewig bleibt.“

Das Universum selbst ist Zeuge dieser Wahrheit. Sterne entstehen und vergehen, Galaxien kollidieren und formen neue Welten, doch nichts Materielles währt für immer. Die stärksten Berge werden vom Wind geformt, die tiefsten Ozeane verändern ihre Gestalt. Alles in der Schöpfung ist vergänglich, außer dem Einen, der alles erschaffen hat. Allah ist Al-Baqi – Der Ewige. Er war vor dem ersten Licht und wird sein, wenn das letzte Sternenlicht erlischt.

Ich erinnere mich an Momente, in denen ich glaubte, dass Dinge von Dauer seien – Beziehungen, Erfolge, materielle Besitztümer. Doch alles, was ich einst für unvergänglich hielt, veränderte sich oder verschwand. Nur eine Wahrheit blieb bestehen: die Liebe Allahs, die sich in allem manifestiert. Al-Baqi – Der Ewige – lehrt uns, dass wahre Beständigkeit nicht in weltlichen Dingen liegt, sondern in der Nähe zu Allah, der nie vergeht.

95 - Al-Warith – Der Erbe

Ein König herrschte über ein mächtiges Reich, das sich über endlose Ländereien erstreckte. Sein Palast war erfüllt von Reichtümern, seine Schatzkammern quollen über mit Gold und Juwelen. Er war überzeugt, dass sein Name für immer Bestand haben würde, und so ließ er seine Geschichte in Stein meißeln, damit kommende Generationen sich an ihn erinnern.

Doch die Zeit verging, und mit ihr zerfielen die Mauern seines Palastes. Seine Nachkommen stritten um sein Erbe, und das Gold, das einst seinen Ruhm sicherte, wurde unter Fremden verteilt. Bald erinnerte sich niemand mehr an seinen Namen, und sein einst mächtiges Reich war nichts weiter als Staub im Wind.

Ein weiser Gelehrter, der durch die verlassenen Straßen dieses einst glanzvollen Königreichs wanderte, sprach leise: „Am Ende bleibt nur Allah. Er ist der wahre Erbe aller Dinge."

Das Universum selbst erzählt diese Geschichte immer wieder. Sterne, die einst hell erstrahlten, vergehen und hinterlassen nichts als Licht, das sich auflöst in der Unendlichkeit des Kosmos. Berge erheben sich, nur um eines Tages von Wind und Wasser geformt und zu Staub gemacht zu werden. Alles, was wir für beständig halten, vergeht, bis nur noch Allah bleibt, der alles erschaffen und alles zurücknehmen wird.

Ich erinnere mich an die vielen Momente, in denen ich glaubte, dass Besitztümer, Ruhm oder Errungenschaften mich unsterblich machen könnten. Doch mit der Zeit erkannte ich: Wahrer Besitz liegt nicht in dem, was vergeht, sondern in dem, was Allah uns anvertraut. Al-Warith – Der Erbe – lehrt uns, dass am Ende alles zu Allah zurückkehrt, denn Er allein ist der wahre Besitzer aller Dinge.

96 - Ar-Rashid – Der Rechtweisende

Ein erfahrener Kapitän steuerte sein Schiff durch die Weiten des Ozeans. Tag und Nacht navigierte er mithilfe der Sterne, doch eines Tages geriet er in einen gewaltigen Sturm. Die dunklen Wolken verdeckten den Himmel, und die hohen Wellen warfen das Schiff hin und her. Der Kompass drehte sich nutzlos im Kreis, und jeder Orientierungspunkt war verloren. Die Mannschaft geriet in Panik, doch der Kapitän blieb ruhig und sprach: „Allah führt uns. Er hat uns nicht in diesen Sturm geschickt, um uns zu verlieren."

Gerade als die Verzweiflung ihren Höhepunkt erreichte, riss der Himmel auf, und ein einzelner Stern leuchtete hell über ihnen. Der Kapitän erkannte ihn sofort – es war der Stern, an dem er sich immer orientiert hatte. Mit fester Hand steuerte er das Schiff in die richtige Richtung. Die Wellen beruhigten sich, und der Sturm ließ nach. Er wusste nun mit

Gewissheit: „Allah leitet uns immer, wenn wir auf Ihn vertrauen.“

Das Universum ist voller Zeichen der göttlichen Rechtweisung. Die Planeten folgen präzisen Bahnen, die Sterne stehen in einem perfekten Gleichgewicht, und selbst das kleinste Lebewesen weiß, wohin es sich wenden muss. Allah hat jeder Schöpfung eine innere Führung gegeben, damit sie ihren Weg findet. So wie ein Kind instinktiv nach der Wärme seiner Mutter sucht oder ein Fluss immer den Weg zum Meer findet, so wird auch der Mensch, wenn er Allahs Führung sucht, immer den richtigen Weg erkennen.

Ich erinnere mich an Zeiten, in denen ich mich verloren fühlte, ohne zu wissen, welchen Schritt ich als Nächstes tun sollte. Doch dann kam ein Zeichen, eine Begegnung, ein Gedanke – eine Führung, die mich weiterbrachte. Ar-Rashid – Der Rechtweisende – lehrt uns, dass Allahs Weg stets da ist, auch wenn wir ihn im Sturm des Lebens manchmal nicht sofort sehen.

97 - As-Sabur – Der Geduldige

Ein Bauer stand auf seinem Feld und betrachtete die Erde, die er soeben mit Samen bestückt hatte. Tag für Tag pflegte er den Boden, bewässerte ihn und schützte die jungen Triebe vor Wind und Wetter. Doch nichts geschah sofort. Die Tage vergingen, dann Wochen. Geduldig wartete er auf den Moment, an dem das Leben aus der Erde brechen würde.

Sein Nachbar hingegen wurde ungeduldig. Er hatte ebenfalls gesät, doch nach wenigen Tagen, als er keine unmittelbare Veränderung sah, gab er auf. Er hörte auf zu gießen, hörte auf zu pflegen, und seine Saat vertrocknete, noch bevor sie das Licht der Welt erblicken konnte.

Doch der Bauer wusste es besser. Er verstand, dass das Leben seinen eigenen Rhythmus hat und dass Wachstum Zeit braucht. Schließlich, nach Wochen des Wartens, erblickte er die ersten grünen Halme. Bald folgten prächtige Pflanzen, und sein Feld wurde eine Quelle der Fruchtbarkeit. Er sprach: „So wie Allah geduldig mit uns ist, müssen auch wir Geduld in unseren Prüfungen haben."

Das Universum selbst zeigt uns die Schönheit der Geduld. Sterne entstehen nicht in einem Augenblick, sondern wachsen aus dem Staub der Zeit, bis sie in leuchtender Pracht am Himmel erstrahlen. Flüsse graben ihre Wege durch die härtesten Felsen, nicht mit Gewalt, sondern durch beständiges Fließen über Jahrtausende hinweg. Jede Welle des Ozeans trägt einen Tropfen auf eine Reise, die Generationen dauern kann.

Ich erinnere mich an Zeiten, in denen ich mich nach schnellen Antworten sehnte, nach sofortiger Veränderung, nach dem Ende von Prüfungen. Doch mit der Zeit erkannte ich: Allahs Wege folgen einer Weisheit, die weit über unser Verständnis hinausgeht. As-Sabur – Der Geduldige – lehrt uns, dass alles seine Zeit hat und dass Geduld nicht nur eine Tugend ist, sondern ein Schlüssel zur tiefsten Erkenntnis des Lebens

98 - Al-Muqit – Der Versorger

Ein kleiner Fuchs wanderte durch die unbarmherzige Wüste. Tagelang hatte er nichts gefressen, und seine Kräfte ließen nach. Die Hitze der Sonne brannte auf seinem Fell, und der sandige Boden schien unendlich. Er fühlte, dass er nicht mehr lange durchhalten konnte. Doch dann, wie durch ein Wunder, entdeckte er in der Ferne eine schattige Oase. Dort sprudelte eine Quelle, und Dattelpalmen boten ihre süßen Früchte dar. Mit letzter Kraft erreichte er das rettende Wasser und trank tief, während ein kühler Wind durch die Blätter wehte.

Nicht weit entfernt saß ein weiser Gelehrter, der die Szene beobachtete. Mit einem Lächeln sprach er zu seinen Schülern: „Seht, Allah versorgt alle Seine Geschöpfe, auch wenn wir nicht verstehen, wie. Er gibt jedem, was er braucht, zur rechten Zeit und am rechten Ort.“

Das Universum selbst ist ein endloses Zeugnis der göttlichen Versorgung. Jeder Stern erhält sein Licht, jede Pflanze wächst mit den Ressourcen, die sie benötigt. Selbst in den tiefsten Ozeanen, wo niemals Sonnenstrahlen hinabreichen, gibt es Leben, das Allah mit Nahrung versorgt. Kein Lebewesen ist vergessen, kein Herz bleibt unberührt von Seiner Fürsorge.

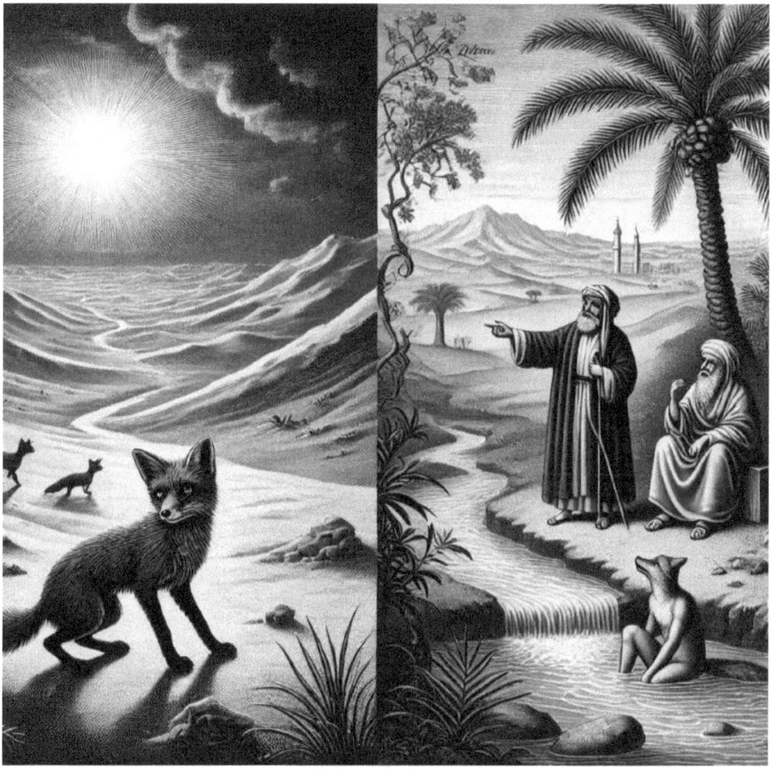

Ich erinnere mich an Zeiten, in denen ich glaubte, verloren zu sein, ohne Aussicht auf Hilfe oder einen Ausweg. Doch jedes Mal kam etwas Unerwartetes – eine Tür öffnete sich, ein Mensch reichte mir die Hand, eine Lösung ergab sich aus dem Nichts. Al-Muqit – Der Versorger – lehrt uns, dass wir stets behütet sind, selbst wenn wir es nicht sofort erkennen. Unsere Nahrung, unsere Hoffnung, unser Wissen – alles kommt von Ihm, und das Universum selbst ist ein Spiegel Seiner unendlichen Großzügigkeit.

99 - Al-Hafiz – Der Bewahrende

In einem kleinen Dorf spielte ein Kind unbeschwert nahe eines tiefen Brunnens. Seine Mutter rief es immer wieder zur Vorsicht, doch die Freude am Spiel ließ es ihre Worte vergessen. Dann geschah es: Ein falscher Schritt, ein kurzer Aufschrei – und das Kind fiel. Die Dorfbewohner eilten herbei, doch keiner wagte es, in die dunkle Tiefe hinabzusehen.

Doch als sie in den Brunnen blickten, geschah etwas Erstaunliches. Das Kind war nicht auf dem harten Grund aufgeschlagen. Ein starker Ast, gewachsen aus einem winzigen Spalt im Stein, hatte seinen Fall abgefangen. Das Kind klammerte sich an die Äste und blieb unverletzt, bis es sicher geborgen wurde. Die Menschen des Dorfes staunten und sprachen: „Allah bewahrt, wen Er will, auf Wegen, die wir nicht sehen.“

So wie dieses Kind vor dem sicheren Sturz bewahrt wurde, so bewahrt Allah das gesamte Universum. Die Sterne bewegen sich in präzisen Bahnen, Planeten umkreisen ihre Sonnen, ohne zu kollidieren. Selbst wenn der Mensch sich in den unendlichen Weiten des Lebens verloren fühlt, gibt es Kräfte, die ihn auffangen, bevor er zerbricht. Allah ist Al-Hafiz – Der Bewahrende. Er hält das Universum zusammen, genauso wie Er jedes Herz in seiner Fürsorge umschließt.

Doch Sein Schutz ist mehr als nur physische Bewahrung. Es ist die göttliche Liebe, die uns umhüllt wie das sanfte Licht der Sterne in der Dunkelheit. Es ist die unermessliche Kraft des Universums, das in Seiner Harmonie schwingt, um jedes Geschöpf zu tragen. Die gleichen Energien, die Planeten in ihrer Umlaufbahn halten, bewahren auch unsere Seelen vor dem endgültigen Fall. Manchmal erkennt der Mensch nicht, dass Allah ihn führt, bis er zurückblickt und sieht, wie viele Abgründe ihm erspart geblieben sind.

Ich erinnere mich an Zeiten, in denen ich glaubte, dem Abgrund nahe zu sein, sei es durch Sorgen, Zweifel oder Schicksalsschläge. Doch jedes Mal spürte ich eine unsichtbare Kraft, die mich trug, mich auffing und mich wieder auf festen Boden stellte. Ich sah, wie das Universum selbst sich in göttlicher Liebe bewegte, wie Sterne geboren wurden und vergingen, ohne dass das Gleichgewicht verlorenging. Al-Hafiz – Der Bewahrende – lehrt uns, dass wir niemals wirklich fallen können, solange wir uns Allah anvertrauen. Er bewahrt unsere Körper, unsere Herzen und unsere Seelen, denn das gesamte Universum ist ein Ausdruck Seiner Liebe.

Die 99 Namen Allahs und die 99 Probleme der Menschheit

In der weiten Landschaft der Menschheitsgeschichte strahlen die 99 schönen Namen Allahs wie Sterne in einer finsteren Nacht. Jeder dieser Namen – jede göttliche Eigenschaft – ist ein Lichtstrahl, der einen Ausweg aus der Dunkelheit unserer „99 Probleme“ weist. Wenn die Menschheit von Ungerechtigkeit, Angst, Leid und Unwissenheit geplagt wird, sind es diese Namen, die wie heilende Tropfen auf die Wunden gefallen sind. Allah hat sich uns mit vielfältigen Attributen offenbart – Barmherzigkeit, Weisheit, Gerechtigkeit, Liebe und mehr – damit wir erkennen: Für jedes menschliche Problem gibt es im Göttlichen eine Antwort. So wie ein Verirrter in der Wüste den Polarstern sucht, können wir in den Namen Allahs Orientierung finden. Im Folgenden wollen wir diese Verbindung erforschen – bildhaft, tiefgründig und emotional – um zu verstehen, wie der göttliche Plan uns durch Gebote, Propheten, Liebe, Schöpfung und Wissen den Weg aus unseren Nächten zeigt.

Die 99 Namen Allahs Antworten – auf menschliche Probleme

Die 99 schönen Namen Allahs in arabischer Kalligraphie, jeder ein Licht in der Dunkelheit der Welt. Jeder der 99 Namen Allahs trägt eine besondere Kraft die ein spezifisches menschliches Problem lindern kann. In Momenten der Hoffnungslosigkeit leuchtet Al-Rahman (Der Allerbarmende) wie ein wärmerer Sonnenaufgang und erinnert uns daran, dass Gottes Barmherzigkeit jede Verzweiflung überstrahlt. Stehen wir vor Ungerechtigkeit, ruft Al-Adl (Der Gerechte) uns auf, an Recht und Ausgleich zu glauben und selbst gerecht zu handeln. Wer sich verloren und unwissend fühlt, dem zeigt Al-Alim (Der Allwissende) einen Pfad: Er ermuntert uns, Wissen zu suchen und darauf zu vertrauen, dass alle Antworten bereits im göttlichen Wissen angelegt sind. So entspricht jedem der sprichwörtlichen „99 Probleme" der Menschheit ein Name Allahs als Lösung – als würde jeder Schmerz einen Balsam in einem seiner schönen Namen finden. Diese Namen durchziehen das Universum wie ein unsichtbares Netz aus Licht: Al-Nur (Das Licht) erhellt die Seele, As-Salam (Der Frieden) besänftigt unsere Konflikte, Al-Haqq (Die Wahrheit) beendet Verwirrung und Lüge. Indem wir uns an diese göttlichen Eigenschaften erinnern und sie nach besten Kräften nachahmen, weisen sie uns den Weg aus Dunkelheit und Irrtum. Jeder Name ist eine Tür zu Allahs Gegenwart – und hinter jeder Tür wartet eine Antwort auf die Fragen und Probleme, die uns quälen.

Die Zehn Gebote als Fundament der göttlichen Ordnung

Lange bevor wir von detaillierten Gesetzen oder umfangreichen Büchern geleitet wurden, meißelte Allah durch den Propheten Moses (Musa) grundlegende Prinzipien in Stein: die Zehn Gebote.

Diese Gebote sind wie zehn mächtige Flüsse, gespeist von der Quelle der 99 Namen, die das moralische Gefüge der Welt bewässern. Jedes Gebot warnt vor einem menschlichen Fehltritt und spiegelt gleichzeitig einen Aspekt Gottes wider.

1. Du sollst keine anderen Götter neben mir haben

Hier offenbart sich Al-Ahad (Der Eine), der Eifersüchtige in seiner Einzigartigkeit, der uns davor bewahrt, uns in falschen Abgöttern und materiellen Götzen zu verlieren. Dies ist der Kern des reinen Glaubens: die ungeteilte Hingabe an Allah.

2. Du sollst den Namen des Herrn, deines Gottes, nicht missbrauchen

Al-Quddus (Der Heilige) schwingt in diesem Gebot mit. Der Name Allahs ist heilig und soll nicht leichtfertig ausgesprochen oder missbraucht werden. Unser Wort sollte stets von Ehrfurcht und Wahrheit geprägt sein.

3. Gedenke des Sabbats und halte ihn heilig

Al-Mujib (Der Erhörende) ruft uns zur bewussten Verbindung mit Allah auf. Der Ruhetag ist nicht nur eine Pause von der Arbeit, sondern eine Zeit der geistigen Erneuerung, in der wir uns auf die Nähe zu Allah besinnen sollen.

4. Ehre deinen Vater und deine Mutter

Ar-Rahman (Der Barmherzige) zeigt sich in diesem Gebot. Eltern sind die ersten Menschen, die uns auf Allahs Weg begleiten. Wer ihnen mit Respekt und Dankbarkeit begegnet, ehrt die Ordnung, die Allah in die Familie gelegt hat.

5. Du sollst nicht töten

In diesem Verbot klingt Al-Muhyi (Der Lebensspender) mit, denn das Leben ist heilig, ein Geschenk des Schöpfers, und niemand außer Ihm allein hat das Recht, es ohne gerechtfertigten Grund zu nehmen.

6. Du sollst nicht ehebrechen

Al-Wadud (Der Liebevolle) mahnt uns zur Treue und Reinheit. Die Ehe ist eine von Allah eingesetzte Verbindung, die von Liebe, Respekt und Verantwortungsbewusstsein getragen sein soll. Untreue zerstört das von Allah geschaffene Band.

7. Du sollst nicht stehlen

Hinter dieser einfachen Forderung steht Ar-Razzaq (Der Versorger), der uns lehrt, auf rechtmäßige Weise für unser Auskommen zu sorgen und darauf zu vertrauen, dass Gott jedem Geschöpf zuteilt, was es braucht.

8. Du sollst kein falsches Zeugnis ablegen

Al-Haqq (Die Wahrheit) thront über diesem Gebot. Lügen und falsche Aussagen führen zu Ungerechtigkeit und Leid. Wer die Wahrheit spricht, ehrt die göttliche Ordnung und schützt das Recht seiner Mitmenschen.

9. Du sollst nicht begehren deines Nächsten Haus

Al-Adl (Der Gerechte) mahnt uns, zufrieden mit dem zu sein, was Allah uns gewährt hat. Neid und Habgier führen zu Streit und Unzufriedenheit und entfernen uns von der Dankbarkeit gegenüber unserem Schöpfer.

10. Du sollst nicht begehren deines Nächsten Frau, Knecht, Magd, Vieh oder irgendetwas, was dein Nächster hat

Al-Ghaniyy (Der Unabhängige, der Sich-Selbst-Genügende) erinnert uns daran, dass wahre Zufriedenheit nicht aus materiellen Dingen kommt. Wer nach dem Besitz anderer giert, vergisst, dass Allah allein der wahre Geber ist.

Diese zehn Gebote sind untrennbar mit Allahs Eigenschaften verbunden: Sie erheben den Anspruch der Gerechtigkeit, Wahrheit und Heiligkeit inmitten menschlicher Neigungen zu Unrecht, Lüge und Frevel. Sie sind Fundament und Geländer zugleich – Fundament der moralischen Welt und Geländer, an dem wir uns festhalten können, um nicht in die Abgründe unserer Schwächen zu stürzen.

Die Rolle der Propheten – lebendiger Spiegel der göttlichen Namen

Seit Beginn der Zeit hat Allah nicht nur Prinzipien gesandt, sondern Menschen mit besonderen Missionen: die Propheten. Moses, Jesus, Muhammad – Friede sei mit ihnen allen – und viele andere stehen wie Leuchttürme in stürmischem See, in ihren Herzen das Licht der göttlichen Namen tragend.

Jeder Prophet hat in seinen Offenbarungen und in seinem Leben bestimmte Eigenschaften Allahs widerspiegelt und so der Menschheit den Weg gewiesen. Moses (Musa) brachte das Gesetz und wurde zum Sprachrohr von Al-Adl (Der Gerechte) und Al-Hadi (Der Rechtleiter); in seiner Führung durch die Wüste spürte sein Volk die rechtleitende Hand Gottes. Er zeigte unermüdliche Standhaftigkeit im Namen Allahs, selbst als die Israeliten das Goldene Kalb anbeteten – hierin spiegelte sich As-Sabur (Der Geduldige), denn Moses führte sie trotz ihres Fehltritts zurück zur Anbetung des Einen. Jesus (Isa) wiederum verkörperte auf ergreifende Weise Al-Wadud (Der Liebevolle) und Ar-Rahim (Der Barmherzige). Wenn er die Kranken heilte und den Ausgestoßenen zuwandte, erstrahlte Gottes Mitgefühl durch sein Tun; in der Vergebung seiner Peiniger am Kreuz (aus christlicher Sicht) oder der überlieferten Milde eines Propheten, der Liebe predigte, zeigt sich Allahs vergebende Liebe jenseits aller Logik dieser Welt. Muhammad (Friede sei mit ihm) brachte schließlich den Qur'an – eine Offenbarung, die nahezu alle 99 Namen Allahs erwähnt und preist – und lebte selbst als „Barmherzigkeit für alle Welten". In seinem Charakter fanden sich Al-Amin (Der Vertrauenswürdige, wahrhaftig) und Ar-Rauf (Der Gütige); Er vergab seinen Feinden bei der Eroberung Mekkas eine nahezu grenzenlose Vergebung und spiegelte damit Al-Ghafur (Den Allvergebenden) weiter. So wie klares, stilles Wasser das Antlitz der Sonne reflektierte, waren die Propheten Spiegel für das Licht Allahs. Durch ihre Worte und Taten konnten die Menschen einen Blick auf Gottes Eigenschaften werfen: Seine Gnade in Abrahams Opferbereitschaft,

Seine Weisheit in Salomos Urteilen, Seine Stärke in Davids Liedern und Siegen. Die Propheten haben der Menschheit gezeigt, wie der Mensch nach Gottes Willen lebt, indem sie die göttlichen Namen im täglichen Leben angewandt haben. Sie gaben uns damit lebendige Vorbilder: In ihren Geschichten erkennen wir, dass Mut, Gerechtigkeit, Mitgefühl und Demut keine abstrakten Ideale sind, sondern gelebter Ausdruck der schönen Namen Allahs. Ihre Rolle war es, gleichsam Brücken zu schlagen zwischen Himmel und Erde – damit wir in ihnen den Weg über den Grund unserer Probleme finden, hin zu Allahs Licht.

Allahs unaufhörliche Liebe und Erziehung der Menschheit

Es heißt, Allah liebe den Menschen 70-mal mehr als eine Mutter ihr Kind – eine Zahl, die uns nur ahnen lässt, wie unerschöpflich Seine Liebe ist. Diese Liebe ist kein stilles, distanziertes Prinzip, sondern ein aktiver Strom, der die Menschheit durch die Jahrtausende trägt.

Selbst wenn der Mensch vom Pfad abkommt, sündigt und zerstörerisch wütet, versiegt Allahs Barmherzigkeit nicht. Im Gegenteil: Aus jedem Fehler lässt Er uns lernen, durch jede Dunkelheit führt Er uns ins Licht zurück. Al-Rahman (Der Allerbarmende) bedeckt die Welt wie ein sanfter Regen, der immer wieder fällt – auch auf dürres Land, in der Hoffnung, dass neues Leben sprießt. Es gab Zeiten, da versank die Erde beinahe im moralischen Chaos – doch Allah gab die Menschen niemals auf. Wie ein liebender Lehrer, der sein eigensinniges Kind immer wieder erzieht, hat Er Propheten gesandt, Katastrophen in Wendepunkten verwandelt und neue Chancen eröffnet. Als die Menschen zu Noahs Zeit die Erde mit ihrem Unrecht erfüllten, sandte Allah die reinigende Flut – doch gleichzeitig das Versprechen eines Neuanfangs. Und nach jeder großen Prüfung schenkte Er den Überlebenden einen Regenbogen der Hoffnung. Diese unaufhörliche Liebe zeigt sich auch darin, dass Allah jederzeit zur Vergebung bereit ist: „Sprich: O Meine Diener, die sich gegen ihre eigene Seele vergingen, verzweifelt nicht an Allahs Barmherzigkeit; Gewiss, Allah vergibt alle Sünden. “. Diese Verse klingen wie sanfte Musik über den Trümmern menschlichen Versagens – ein Versprechen, dass kein Abgrund so tief, keine Schuld so schwer ist, als dass Allahs Hand der Verzeihung uns nicht doch herausziehen könnte. Man stelle sich vor, die Menschheit würde ihre eigene Welt in Schutt und Asche legen – selbst dann, so dürfen wir hoffen, würde Ar-Rahim (Der Barmherzige) ihr die Tür zu einer neuen Morgenröte öffnen. Allahs Erziehung mag manchmal stark erscheinen, wenn wir die Konsequenzen unseres Tuns spüren, doch hinter jeder Lektion steht Seine Liebe. Wie ein Gärtner, der einen Wildwuchs beschneidet, damit die Pflanze kräftiger wächst, so lässt uns unser Herr Fehler durchleben, um daraus gereift hervorzugehen. Und in jeder Phase hält Er uns an der Hand: Al-Latif (Der Sanftmütige) wirkt im Verborgenen und leitet unsere Schritte, selbst wenn wir es nicht merken, At-Tawwab (Der Reue-Annehmende) wartet mit unendlicher Geduld auf unsere Umkehr. Diese Liebe Gottes ist das leise Grundrauschen des Universums – egal was wir tun, es ist immer da, tröstend, erziehend, niemals erlöschend. Darum gibt es für die Menschheit immer Hoffnung: Wir sind Geliebte des Gnädigen, und Er wird uns – so tief wir auch gefallen mögen – immer wieder aufhelfen, die staubigen Knie abklopfen und uns einen neuen Weg in Richtung Licht weisen.

Das Universum als lebendiges Wesen im göttlichen Plan

Die Sterne funkeln in der Nacht wie funkelnde Augen, und die Galaxien drehen sich wie tanzende Derwische – das ganze Universum lebt und ist durchdrungen von Gottes Gegenwart. In jedem Lufthauch, in jeder Welle, in jedem Vogelgesang schwingt ein Echo der 99 Namen mit.

Die Schöpfung ist nicht leblos oder zufällig; Sie ist ein lebendiger Teppich , gewebt aus den Fäden der göttlichen Eigenschaften. So, wie ein einziger Organismus Billionen von Zellen hat, besteht das Universum aus unzähligen Elementen, die alle gemeinsam dem großen Plan folgen. Der Koran lehrt uns, dass alles in den Himmeln und auf Erden Allah lobpreist , aber wir verstehen ihr Loben nicht. Mit etwas Fantasie kann man es sich vorstellen: Der Wind, der sanft über ein Kornfeld streicht, singt leise Ya Razzaq (O Versorger), während er die Ähren wiegt, die von Gottes Versorgung zeugen. Ein mächtiger Berg, uralt und standhaft, flüstert stumm Ya Qawiyy (O Du Starker), indem er seit Äonen unbeirrt steht und Gottes Kraft reflektiert. Und fern im Kosmos, wenn eine Supernova aufleuchtet und verglüht, sehen wir einen Hauch von Al-Mumit (Dem, der Leben nimmt) und Al-Muhyi (Dem, der Leben gibt) – Sterne sterben, neue Sterne werden geboren. Symbolbild: In der stillen Verbindung von Mensch und Kosmos – der funkelnde Geist im Sternenmeer – spiegelt sich der göttliche Plan wider. Der gesamte Kosmos ist wie ein einziges, gewaltiges Wesen, das dem Willen Allahs folgt. Die Naturgesetze sind Seine Gesetze: Wenn Wasser fließt, folgt es der von Allah gesetzten Ordnung – so wie die moralischen Gebote die „Schwerkraft" für unsere Seele darstellen. Alles ist Teil eines göttlichen Ökosystems. Nichts existiert außerhalb von Allahs Wissen und Willen, Al-Muhit (Der Allumfassende) umschließt die Galaxien wie auch das kleinste Atom. Dieses Bewusstsein kann uns Demut lehren: Wir stehen nicht getrennt von der Schöpfung, wir sind Teil von ihr, aus Sternenstaub geformt und mit dem Odem Gottes beseelt. Somit tragen wir das Echo des Universums in uns. Wenn unser Herz im Gleichklang mit Allahs Namen schlägt, dann richten wir uns innerlich nach derselben Ordnung, die die Sterne lenkt. Das Universum „atmet" förmlich Allahs Namen – in der regelmäßigen Bewegung der Planeten (Ordnung, Al-Muntaqim – der genaue Abrechner der Bahnen), im Kreislauf von Tag und Nacht (Al-Fattah – der Öffner, der jeden Morgen das Tor zum Licht aufs Neue öffnet). In dieser lebendigen Schöpfung liegt auch Führung: Wer mit offenen Augen und gläubigem Herzen in die Natur schaut, findet Wegweiser zuhauf. Die Biene , die ihren Stock mit Hingabe baut, flößt uns ein Verständnis von Al-Khaliq (Dem Schöpfer) und Al-Bari (Dem Gestalter) ein – sie folgt einem ihr eingepflanzten Wissen, einem Plan, den wir nicht sehen, doch es ist Allahs Plan. Die Wolken , die wandernden Regen bringen, zeigen uns Al-Karim (Den Großzügigen), der Leben spendet, wo Dürre war. So lehrt uns das Universum beständig, in Bildern und Gleichnissen, und hält uns einen Spiegel vor: Bist du im Einklang mit dem großen Lied, das alles singt? Hörst du das lebendige Flüstern von Gottes Namen rings um dich? Wenn wir diese universelle Stimme übernehmen, fühlen wir uns geführt – von den Winden, den Sternen, den Bäumen – alle rufen sie uns zu, wohin unsere Seele gehört: zurück in die Harmonie des göttlichen Plans.

Die Verbindung zwischen Glaube und Wissen – göttliche Erkenntnis und menschliche Forschung

Glaube und Wissen erscheinen manchem wie zwei Ufer eines Flusses, doch Allah hat zwischen ihnen Brücken aus Licht gebaut. Allah selbst trägt den Namen Al-Alim (Der Allwissende) und Al-Hakim (Der Allweise); Das zeigt uns, dass wahres Wissen im Einklang mit göttlicher Weisheit stehen muss. Von Anbeginn gab Allah dem Menschen die Neugierde und den Verstand – ein Geschenk, um Seine Schöpfung zu erforschen und dadurch Ihn besser zu verstehen. Jede wissenschaftliche Entdeckung ist letztlich ein Blick in die Schatzkammer von Allahs Wundern. Wenn wir etwa die Gesetze der Physik entschlüsseln, betreten wir den Vorhof von Al-Qadir (Dem Allmächtigen), der diese Kräfte erschaffen hat; Erkennen wir Heilkräfte in Pflanzen, so kosten wir einen Tropfen von Ash-Shafi (Dem Heiler), der jede Heilung ermöglicht. Doch Allah hat dem Menschen auch Grenzen gesetzt. *Er* gibt uns die Mittel – Augen zum Sehen, Verstand zum Denken, Hände zum Gestalten – doch *Er* bestimmt das Maß der Erkenntnis. Wie im Koran sinngemäß steht: „Und euch wird von dem Wissen nur wenig gegeben. “

Das soll uns nicht entmutigen, sondern demütig halten. So wie ein liebevoller Vater seinem Kind nicht mehr Last aufbürdet, als es tragen kann, enthüllt Allah uns immer nur so viel von Seinen Geheimnissen, wie wir ertragen und verantworten können. Stellen wir uns vor, ein kleines Kind erhielte auf einen Schlag das Wissen eines Erwachsenen – es wäre überfordert und verängstigt. Genauso schützt Allah uns, indem Er den Vorhang der Mysterien nur Stück für Stück lüftet. Dennoch ermutigt Er uns, neugierig zu bleiben:

Der Glaube ist kein Gegensatz zum Wissen, sondern sein innerster Antrieb. Im Islam waren es gläubige Menschen, die einst in der Hoffnung, Allahs Schöpfung besser zu verstehen , die Grundlagen der Medizin, Astronomie und Mathematik entwickelten. Ihr Glaube sagte ihnen: Jede Wahrheit der Natur ist ein Ayah – ein Zeichen Gottes. Und so forschten sie mit Ehrfurcht. Bis heute gilt: Wenn wir durch ein Teleskop blicken und ferne Galaxien sehen, staunen wir über die Weite des Universums – gleichzeitig spüren wir die Ehrfurcht vor Al-Kabir (dem Unermesslich Großen). Wenn wir in einer Arbeit die Bausteine des Lebens erforschen, entdecken wir Komplexität und fühlen uns an Al-Bari (den Kunstvoll Gestaltenden) erinnert, der jedes Protein seine Form gab. Wahres Wissen führt uns auch *zurück* zum Glauben, nicht davon weg. Und wahrer Glaube scheut die Fragen nicht – denn jede Frage, richtig gestellt, führt letztendlich zu Allah. Wichtig ist, dass wir anerkennen: Unser Verstand ist ein kostbares, aber kleines Licht. Es kann leuchten, aber es bleibt schwach gegenüber dem unendlichen Licht der göttlichen Allwissenheit. Wenn wir es in Demut einsetzen, wird Allah – der alle Wissbegier in unseren Herzen gelegt – uns weiterführen, Schritt für Schritt. Al-Hadi (Der Führer) leitet nicht nur unser moralisches Leben, sondern auch unseren Erkenntnisweg. So bleiben Glaube und Wissen untrennbar verbunden wie zwei Flügel eines Vogels: Mit dem einen Flügel der Spiritualität und dem anderen der Rationalität erheben wir uns in die Höhe der wahren Erkenntnis von Allahs Herrlichkeit. Fliegen kann keiner mit nur einem Flügel – erst in ihrem Zusammenspiel tragen wir Glauben *und* Wissen näher zu den Geheimnissen des Universums, die Allah in Weisheit für uns bereitgelegt hat.

Schluss: In diesem kapitelgleichen Abschnitt haben wir die geheimnisvolle Verbindung zwischen den 99 Namen Allahs und den zahllosen Problemen der Menschheit gespürt. Wie ein roter Faden ziehen sich Allahs Eigenschaften – Seine Barmherzigkeit, Gerechtigkeit, Liebe, Weisheit und Macht – durch alles hindurch: durch die Gebote, die uns Orientierung geben; durch die Propheten, die uns als lebendige Vorbilder dienen; durch Seine unendliche Geduld und Liebe, mit der Er uns erzieht; durch das ganze Universum, das Seine Namen flüstert; und durch den Drang in uns, zu glauben und zu verstehen. Jede menschliche Sorge, jede Frage, jedes Leid findet im Spiegel dieses göttlichen Namens einen Sinn und oft auch Heilung. Wenn wir uns klein und machtlos gegenüber den „99 Problemen“ fühlen, dürfen wir auf den Einen schauen, der 99 wunderschöne Namen hat – und unendlich viel mehr. In der Begegnung zwischen unseren Problemen und Allahs Namen entfaltet sich ein Dialog: Wir rufen in unserem Nicht, und Einer der Namen antwortet leise in unserem Herzen. So geleitet uns Allah durch Zeiten des Zweifels und der Dunkelheit. Seine unaufhörliche Liebe gibt uns immer wieder neue Chancen, und Sein Plan – so komplex wie das Universum und doch so fürsorglich wie das Herz einer Mutter – umfasst uns ganz. Mögen wir lernen, in den Herausforderungen des Lebens nicht nur das Bedrohliche zu sehen, sondern die Einladung, uns an Allahs schönen Namen zu erinnern. Denn wenn die Menschheit begreift, dass jeder ihrer „99 Probleme“ letztlich eine Brücke zu einem der 99 Namen des Allmächtigen ist, dann verlieren die Probleme ihre Schrecken. Sie werden zu Wegweisern, die uns näher zu unserem Herrn führen. Und am Ende dieses Weges – so dürfen wir voller Hoffnung glauben – wartet Allah mit offenem Arm, Ar-Rahman, Ar-Rahim , der uns in Seine Barmherzigkeit einhüllt, wo all unsere Probleme vergehen wie Schatten in der Morgenröte Seines Lichts

Khatima – „Die Vollendung des Verständnisses der 99 Namen Allahs“

Mein Weg begann mit einer einfachen Frage: Was ist die Essenz der göttlichen Liebe? Diese Frage führte mich auf eine Reise, die mich durch Himmel und Erde, durch Licht und Schatten, durch Sein und Nichtsein trug. Ich entdeckte, dass die 99 Namen Allahs nicht bloß Worte sind – sie sind lebendige Kräfte, die das Universum durchziehen, sich in der Natur spiegeln und in den Herzen der Menschen widerhallen.

Diese Erkenntnis wurde mir nicht allein durch das Betrachten heiliger Texte zuteil. Sie offenbarte sich mir in der Wärme eines Sonnenaufgangs, im leisen Flüstern des Windes durch die Bäume, im Rhythmus der Gezeiten und im sanften Lächeln eines Kindes. Sie sprach zu mir in den Stimmen der Propheten, die die Welt mit Weisheit erfüllten: Adam, der den ersten Namen Allahs vernahm, Moses, der Gerechtigkeit suchte, Jesus, der die göttliche Liebe verkörperte, und Muhammad, der die Vollkommenheit dieser Namen offenbarte. Sie alle waren Wanderer auf dem Pfad der göttlichen Erkenntnis, Suchende nach der Wahrheit, und durch ihre Geschichten lernte ich, dass jeder Name Allahs ein Tor ist – ein Tor zur göttlichen Realität.

Aber nicht nur die Propheten haben über die Bedeutung dieser Namen nachgedacht. Große

Philosophen, Dichter, Künstler und Musiker aller Zeiten haben sich von denselben göttlichen Prinzipien inspirieren lassen. Rumi sang von der unendlichen Liebe Allahs, die den Suchenden zu Ihm zieht wie das Licht einen Nachtfalter. Goethe schrieb über die Einheit des Göttlichen in allen Dingen. Beethoven ließ die himmlische Harmonie in seiner Musik erklingen. Und selbst moderne Wissenschaftler, die das Universum erforschen, staunen über die Präzision und Ordnung, die sich in den kosmischen Gesetzen widerspiegelt – Gesetze, die von Al-Hakim, dem Allweisen, geschaffen wurden.

Und nun stehe ich hier, am Ende dieser schriftlichen Reise, doch nicht am Ende meines Weges. Denn die Wahrheit ist: Die göttliche Offenbarung hört nie auf. Jeder neue Tag ist eine neue Seite im Buch der Schöpfung, und jeder Herzschlag ist ein Zeichen der fortwährenden Verbindung zwischen uns und unserem Schöpfer. Wie groß könnte die Welt werden, wenn wir uns morgen wieder auf diese Offenbarungen stützen? Wenn wir das Vertrauen in Allahs Weisheit erneuern und Seine Liebe nicht nur erkennen, sondern auch leben?

Dieses Buch ist nur ein Funke, ein Tropfen im weiten Ozean göttlicher Wahrheit. Es ist meine Einladung an dich, liebe Leserin, lieber Leser, deine eigene Reise zu beginnen. Lass dich von den Namen Allahs leiten, so wie sich die Sterne an den Himmel binden und die Flüsse ihren Weg ins Meer finden. Möge jeder dieser Namen in deinem Herzen aufleuchten und dich daran erinnern, dass du Teil eines lebendigen, atmenden

Universums bist – erschaffen aus der unendlichen Liebe Allahs.

Möge dein Weg gesegnet sein. Möge dein Herz stets für die Wahrheit offenbleiben. Möge das Universum, das in Seinem Namen lebt, auch in dir widerhallen.

Buchbeschreibung:

Die 99 Namen Allahs – Eine Reise durch göttliche Liebe, Weisheit und das lebendige Universum

Was wäre, wenn jeder Schmerz, jede Sorge und jedes menschliche Problem bereits eine Antwort in den göttlichen Namen Allahs hätte? Dieses Buch nimmt dich mit auf eine tiefgründige und emotionale Reise durch die 99 Namen Allahs – jene göttlichen Eigenschaften, die seit Anbeginn der Zeit über den Propheten, den heiligen Schriften und der gesamten Schöpfung offenbart wurden.

Der Autor erzählt aus einer einzigartigen Perspektive: Nach einem Nahtoderlebnis, in dem er zwischen Sein und Nichtsein schwebte, erkannte er die göttliche Liebe, die alles durchdringt. Seitdem ist seine Suche nach der Wahrheit nicht mehr zu trennen von der Erkenntnis, dass das Universum ein lebendiges Wesen ist – geschaffen durch die göttliche Macht der Liebe. In diesem Werk verbindet er islamische Theologie, philosophische Reflexionen und spirituelle Erfahrungen mit den Stimmen der Propheten und Weisheitslehrer aller Zeiten.

Jeder der 99 Namen wird nicht nur als Wort oder Konzept beschrieben, sondern als lebendige Kraft, die durch die Welt wirkt. Die Leser entdecken, wie dieses göttliche Attribut bereits in den Zehn Geboten ihren Ausdruck fand, wie sie sich in den Geschichten von Moses, Jesus, Muhammad und anderen Propheten widerspiegeln und wie sie von Dichtern, Philosophen, Künstlern und Wissenschaftlern erkannt wurden. Dabei wird eine wesentliche Wahrheit ans Licht kommen: So wie es 99 Namen Allahs gibt, gibt es auch 99 menschliche Probleme – und für jedes Problem eine göttliche Antwort.

Dieses Buch ist keine trockene Abhandlung, sondern eine spirituelle Erzählung, voller Emotionen, Reflexionen und göttlicher Offenbarungen . Es lädt ein, sich mit dem Universum zu verbinden, das in jedem Moment Allahs Namen flüstert, und sich selbst im Licht der göttlichen Liebe zu erkennen.

„Wenn wir unsere 99 Probleme stellen, dürfen wir auf die 99 schönen Namen Allahs schauen – denn jeder Name ist eine Tür zu Seiner unermesslichen Barmherzigkeit." Ein Buch für alle, die sich nach spiritueller Tiefe sehnen, unabhängig von ihrer religiösen Herkunft – denn die Wahrheit Gottes ist in allem und für jeden da.

ISBN 978-3-8190-4803-6
9 783819 048036 00002
www.epubli.com